新 視 野
中華經典文庫

新 視 野
中華經典文庫

商君書

名譽主編 饒宗頤
導讀及譯注 梁萬如

中華書局

新視野中華經典文庫

商君書

□
導讀及譯注
梁萬如

□
出版
中華書局（香港）有限公司
香港北角英皇道 499 號北角工業大廈一樓 B
電話：(852) 2137 2338　傳真：(852) 2713 8202
電子郵件：info@chunghwabook.com.hk
網址：http：//www.chunghwabook.com.hk

□
發行
香港聯合書刊物流有限公司
香港新界大埔汀麗路 36 號
中華商務印刷大廈 3 字樓
電話：(852) 2150 2100　傳真：(852) 2407 3062
電子郵件：info@suplogistics.com.hk

□
印刷
深圳中華商務安全印務股份有限公司
深圳市龍崗區平湖鎮萬福工業區

□
版次
2017 年 2 月初版
2019 年 6 月第 2 次印刷

□
規格
大 32 開（205 mm × 143 mm）

□
ISBN：978-988-8420-83-4

出版說明

為甚麼要閱讀經典？道理其實很簡單——經典正正是人類智慧的源泉、心靈的故鄉。也正是因此，在社會快速發展、急劇轉型，因而也容易令人躁動不安的年代，人們也就更需要接近經典、閱讀經典、品味經典。

邁入二十一世紀，隨着中國在世界上的地位不斷提高，影響不斷擴大，國際社會也越來越關注中國，並希望更多地了解中國、了解中國文化。另外，受全球化浪潮的衝擊，各國、各地區、各民族之間文化的交流、碰撞、融和，也都會空前地引人注目，這其中，中國文化無疑扮演着十分重要的角色。相應地，對於中國經典的閱讀自然也就有不斷擴大的潛在市場，值得重視及開發。

於是也就有了這套立足港臺、面向海外的「新視野中華經典文庫」的編寫與出版。希望通過本文庫的出版，繼續搭建古代經典與現代生活的橋樑，引領讀者摩挲經典，感受經典的魅力，進而提升自身品位，塑造美好人生。

本文庫收錄中國歷代經典名著近六十種，涵蓋哲學、文學、歷史、醫學、宗教等各個領域。編寫原則大致如下：

（一）精選原則。所選著作一定是相關領域最有影響、最具代表性、最值得閱讀的經典作品，包括中國第一部哲學元典、被尊為「羣經之首」的《周易》，儒家代表作《論語》、《孟子》，道家代表作《老子》、《莊子》，最早、最有代表性的兵書《孫子兵法》，最早、最系統完整的醫學典籍《黃帝內經》，大乘佛教和禪宗最重要的經典《金剛經》、《心經》、《六祖壇經》，中國第一部詩歌總集《詩經》，第一部紀傳體通史《史記》，第一部編年體通史《資治通鑒》，中國最古老的地理學著作《山海經》，中國古代最著名的遊記《徐霞客遊記》，等等，每一部都是了解中國思想文化不可不知、不可不讀的經典名著。而對於篇幅較大、內容較多的作品，則會精選其中最值得閱讀的篇章。使每一本都能保持適中的篇幅、適中的定價，讓普羅大眾都能買得起、讀得起。

（二）尤重導讀的功能。導讀包括對每一部經典的總體導讀、對所選篇章的分篇（節）導讀，以及對名段、金句的賞析與點評。導讀除介紹相關作品的作者、主要內容等基本情況外，尤強調取用廣闊的「新視野」，將這些經典放在全球範圍內、結合當下社會生活，深入挖掘其內容與思想的普世價值，及對現代社會、現實生活的深刻啟示與借鑒意義。通過這些富有新意的解讀與賞析，真正拉近古代經典與當代社會和當下生活的距離。

（三）通俗易讀的原則。簡明的注釋，直白的譯文，加上深入淺出的導讀與賞析，希望幫助更多的普通讀者讀懂經典，讀懂古人的思想，並能引發更多的思考，獲取更多的知識及更多的生活啟示。

（四）方便實用的原則。關注當下、貼近現實的導讀與賞析，相信有助於讀者「古為今用」、自我提升；卷尾附錄「名句索引」，更有助讀者檢索、重溫及隨時引用。

（五）立體互動，無限延伸。配合文庫的出版，開設專題網站，增加朗讀功能，將文庫進一步延展為有聲讀物，同時增強讀者、作者、出版者之間不受時空限制的自由隨性的交流互動，在使經典閱讀更具立體感、時代感之餘，亦能通過讀編互動，推動經典閱讀的深化與提升。

這些原則可以說都是從讀者的角度考慮並努力貫徹的，希望這一良苦用心最終亦能夠得到讀者的認可、進而達致經典普及的目的。

「弘揚中華文化」是中華書局的創局宗旨，二〇一二年又正值創局一百週年，「承百年基業，傳中華文明」，本局理當更加有所作為。本文庫的出版，既是對百年華誕的紀念與獻禮，也是在弘揚華夏文明之路上「傳承與開創」的標誌之一。

需要特別提到的是，國學大師饒宗頤先生慨然應允擔任本套文庫的名譽主編，除表明先生對本局出版工作的一貫支持外，更顯示先生對倡導經典閱讀、關心文化傳承的一片至誠。在此，我們要向饒公表示由衷的敬佩及誠摯的感謝。

倡導經典閱讀，普及經典文化，永遠都有做不完的工作。期待本文庫的出版，能夠帶給讀者不一樣的感覺。

中華書局編輯部

二〇一二年六月

目錄

以法治國的原則、推行與實踐
——《商君書》的現代意義

梁萬如

《商君書》，又叫《商君》、《商子》、《商君子》，作者是誰仍有不同的說法，但是學術界一般認為，此書是由商鞅及其後學所著。《漢書・藝文志》將《商君書》歸入法家，稱「《商君》二十九篇」，實際上存二十六篇，其中兩篇只存目沒有內容，也就是說，具有完整文字記錄的只有二十四篇。

商鞅其人

商鞅（約前三九五—前三三八）屬前期法家的代表人物，姓公孫，名鞅；衞國人，所以又叫衞鞅。他曾助秦孝公伐魏有功，秦孝公把商地十五個城邑賜予他，並賜號商君，是以後世又稱其為商鞅。

在戰國初年，國與國之間爭雄略地，為了自保和拓展國土，變法圖強是各國的主要任務。當時魏、楚等國為了安邦定國，變法不斷。商鞅熟諳儒家、墨家和兵家等的思想，受到當時變法風潮的影響，對法家思想尤有好感。衞國是個弱小的國家，要實踐治國之能，對於商鞅來說，沒有太大的發揮餘地。後來商鞅到了重用李悝、實行變法的魏國，投靠魏國相公叔痤。公叔痤很賞識商鞅的才華，想將他舉薦給惠王，可惜遭拒。這時，秦國招納人才，想實行改革，商鞅轉而投秦，受到秦孝公的重用。

《史記》〈秦本紀〉及〈商君列傳〉，都記載了商鞅在秦國施行變法的事情。變法的內容主要是訂定明確的法令，賞善罰惡，強化管治。商鞅曾助秦孝公兩次推行改革，建立了完整的法治制度。商鞅重視農戰，即將農業和戰爭結合，實行全民皆兵。如此一來，耕作既可自給，也保證了軍事補給，從而令秦國的對外擴張，節節勝利，在當時頗令人矚目。

可是，《史記．商君列傳》對商鞅的評價，似乎並不正面：「商君，其天資刻薄人也。跡其欲干孝公以帝王術，挾持浮說，非其質矣。且所因由嬖臣，及得用，刑公子虔，欺魏將卬，不師趙良之言，亦足發明商君之少恩矣。余嘗讀商君〈開塞〉、〈耕戰〉書，與其人行事相類。卒受惡名於秦，有以也夫。」太史公認為商君刻薄少恩，最終聲名狼藉。這個評價與商鞅破魏時使用詭計及言而無信有關，也與商鞅的刻薄性格不無關係：商鞅得罪了秦惠文王（秦惠文王為太子時犯法，商鞅秉公執法，曾對太子的老師施刑），被秋後算賬，最後身死族滅。

《商君書》其書

西漢之前，並未有《商君書》一名。司馬遷在〈商君列傳〉中說：「余嘗讀商君〈開塞〉、〈耕戰〉書」，〈開塞〉與〈耕戰〉被視為單篇的文字流傳甚久，但是書仍未編，至少〈耕戰〉一名後來不獲採用；而《商君》作為定本，正式被編入經籍之中，可以說是由劉向編《漢書》開始。後來，裴松之於《三國志．蜀書．先主傳》的注釋之中，曾經引述《諸葛亮集》，稱：「可讀《漢書》、《禮記》，閒暇歷觀諸子及《六韜》、《商君書》，益人意智。」可見，《商君書》輯錄成書是漢以後的事情。

《隋書．經籍志》、《新唐書．藝文志》已把《商君》改稱《商君書》。唐代目錄書《舊唐志》則稱之為《商子》，並指出：「商鞅撰。」而《新唐志》稱之為《商君書》，下注：「商鞅，或作《商子》。」《羣書治要》則稱之為《商君子》。

到了宋代鄭樵的《通志．藝文略》，又稱其為《商君書》；而北宋的官修目錄書《崇文總目》、私人藏書家晁公武所寫的《郡齋讀書志》和陳振孫《直齋書錄解題》都稱之為《商子》。

清《四庫全書》指《商子》這個名稱是來自《隋志》，不過翻閱《隋志》只見《商君書》一名。清人嚴萬里著有《商君書校注》，踵事增華，他在總目中說：「隋、唐志及唐代注釋家徵引，並作《商君書》，不曰《商子》，今復其舊稱。」及後，學者高亨也以《商君書》為通行的書名。

《商君書》的篇章和真偽

有關篇章

據《漢書・藝文志》記載，《商君書》共有二十九篇，現存二十六篇，其中有兩篇僅存目沒有內容。由於後來才把各篇章結集成書，有學者研究認為，這些篇章有的出自商鞅，有的出自秦史官，也有的出自商鞅的門客等。

臺灣學者仝衞敏於二〇一四年著《出土文獻與〈商君書〉綜合研究》，參採現、當代學者的各種說法，推論並總結出以下的看法：商鞅親著的篇章有〈墾令〉、〈農戰〉、〈去彊〉、〈算地〉、〈開塞〉、〈戰法〉、〈立本〉、〈兵守〉、〈修權〉、〈境內〉、〈外內〉、〈君臣〉、〈慎法〉；出自商鞅門客或門徒的篇章有〈更法〉、〈說民〉、〈靳令〉、〈壹言〉、〈禁使〉、〈弱民〉；出自商鞅再傳弟子的篇章有〈錯法〉、〈徠民〉、〈賞刑〉、〈畫策〉；也有擷取法家言論而寫成的〈定分〉。

這樣看來，《商君書》是從單篇文章綜合整理而成的，而內容中出現過的語言、物事都反映了文章的成篇時代。歷來有不少學者就這些方面作過研究，也做過不少分析：各篇的作者是誰？各篇文章分別何時寫成？各篇章的來源又如何？這些問題值得我們討論，也讓我們對閱讀古籍的方式可以多點認識。

現綜合目前的研究說法，把各篇章、作者及其特點，表列於下，俾便綜覽：

篇章	作者	內容概要
更法第一	秦國史官（或說是商鞅門客或門徒）	討論改革政治體制，國家才可以富國強兵。疑後人編輯《商君書》時加入。
墾令第二	商鞅	提及開墾荒地的種種法規政策，共二十項條文。
農戰第三	商鞅	為國家訂立治國策略，討論農耕和戰爭，認為這是令國家富強的必由之路。

（接上表）

去彊第四	商鞅	討論治國的原則、策略和方法，重點在弱民。是〈說民〉及〈弱民〉的指導思想。
說民第五	商鞅門客或門徒	談及如何駕馭人民、管理人民。
算地第六	商鞅	討論開發和利用土地，以提高國家生產力的方法。
開塞第七	商鞅	打開管治的閉塞，提出種種方案，以加強管理的效果。
壹言第八	商鞅門客或門徒	提出立國的原則和制度。
錯法第九	商鞅後學	談論施法時要注意的原則，主要是執行力。
戰法第十	商鞅	從戰爭的原則、將帥及攻取之法出發來討論作戰力。
立本第十一	商鞅	以作戰和賞賜為切入點，來討論致強的原則。
兵守第十二	商鞅	談防守的戰爭策略和原則。
靳令第十三	商鞅門客或門徒	談嚴格執行法制的原則，其中判斷力最為重要。
修權第十四	商鞅	討論法制、信任和權力，三個令國家安定的重要元素。
徠民第十五	商鞅後學	招徠別國的人民來秦從事農業，為秦國農戰作補給。
刑約第十六		存目

（接上表）

賞刑第十七	商鞅後學	提出統一賞賜、刑罰和教化，認為三者是治國總原則。
畫策第十八	商鞅後學	討論政策規劃的原則，提出高水平的管理方式和人民自治的管治最高境界。
境內第十九	商鞅	討論軍功爵位制度。與〈墾令〉同屬法律性質文章。
弱民第二十	商鞅門客或門徒	討論人民與國家此消彼長的強弱關係。
御盜第二十一		存目
外內第二十二	商鞅	討論對外作戰及對內務農的治國方向。
君臣第二十三	商鞅	討論君主的角色及其與臣民的等級關係。
禁使第二十四	商鞅門客或門徒	討論統治階層執法時所涉及的利益問題。
慎法第二十五	商鞅	討論謹慎使用法制及建立公平客觀的聘用官員的制度。
定分第二十六	商鞅後學	談法令適用範圍的確定，即定名分。

不少篇章內容互有關連，例如〈去彊〉、〈說民〉及〈弱民〉都討論強國之道，可一起閱讀。〈農戰〉又跟〈徠民〉、〈外內〉在觀點上一致。〈境內〉與〈墾令〉討論的焦點乃至文章性質都相同。篇章之間在思想上表現一致，讓人覺得《商君書》的內容編排頗為完整。雖然如此，某

些篇章明顯不是出自商鞅之手，所以歷來引起不少關於是書真偽的討論。

有關真偽

由於編定時已摻雜不少非商鞅的文章，《商君書》的真偽一直為學者所詬病。最早提出質疑的是宋朝學者黃震，他在《黃氏日抄》中指出《商君書》內容可疑之處。《四庫全書總目提要》亦認為《商君書》並非出自商鞅，只是法家學派言論集。現當代學者如胡適、錢穆、呂思勉、傅斯年、齊思和、陳啟天、高亨、張覺、鄭良樹、張林祥、仝衛敏等都做過這方面的討論。如果要概括各學者對《商君書》真偽的觀點，大致可以分為三類：第一，全書是商鞅後學所作，其中有些作者可能是商鞅的弟子，有些可能是秦國人或官員，只是託名商鞅而已。而且商鞅是法家前期的代表，《商君書》卻保留了不少戰國末期的資料，說是書由商鞅後學撰寫並非無因。第二，有部分篇章由商鞅所寫，剩下部分則由其弟子所撰，也非一時一地可以編成。第三，是書的真偽無法確定，因為可爭議之處甚多。

商鞅變法促進了秦國統一六國的進程，人民皆知商鞅改革帶來的轉變。《韓非子・五蠹》提到：「今境內之民皆言治，藏商、管之法者家有之。」另外，《淮南子》、《史記・商君列傳》均分別提及「啟塞」和「開塞」，用語雖然不同，但可見《商君書》在漢代仍具影響力。明朝學者歸有光，清代學者孫星衍、嚴萬里、孫詒讓等都曾校釋及整理這本古籍。章太炎在一八九八年發表文章〈商鞅〉，重述商鞅的功過，引起了眾多學者的關注。疑古思潮一度興起，《商君書》的真偽成了學者關注的課題，由這時開始，《商君書》又出現了不少校注本。

近代《商君書》注疏舉隅

清代學者嚴萬里著《商君書校》、《商君書新校正》，已成為一眾校釋的底本，是現在最為通行的本子。近代最早出版的校注本則是一九一五年王時潤出版的《商君書斠詮》，引發校釋研究的風潮。一九一六年朱師轍出版的《商君書解詁》，在嚴萬里的校正的基礎上，參考了其他清人的校釋本及明代目錄學書籍包括《羣書治要》、《太平御覽》等，之後又不斷進行增補。朱氏於一九四八年出版的《商君書解詁定本》，又較之前的本子前進了一大步。後來，尹桐陽《商君書新釋》、支偉成《標點注釋商君書之研究》、王時潤《商君書集解》、陳啟天《商君書校釋》、簡書《商君書箋正》等注本紛紛湧現，這些本子主要以嚴本、朱本的校釋為基礎，再提出新的看法。

一九四五年出版的蔣禮鴻《商君書錐指》以嚴本為基礎，博取各家所説，是為集大成之作。一九七四年出版的高亨《商君書注譯》除校注外，更收入作者所寫的幾篇與《商君書》有關的論文，除對前人所作的校釋工作有所增潤之外，也釐清了不少問題。

值得一提的是，一九七四年山東大學《商君書》注釋組出版了《商君書選注》，一九七六年代，該書增訂為《商君書新注》；後來更出版《商子譯注》，是根據《商君書選注》及《商君書新注》修訂及增補而來。一九七五年遼寧第一師範學院朝陽重型機器廠朝陽縣王營子公社《商君書》注釋組出版了《商君書選注》，校注進路偏向改革、鬥爭，政治意味相當濃厚。同期還有西北國棉一廠工人理論組校釋的《商君書新注》，以朱師轍本為底本作校釋，既談學術，也重政治。這些校注，意識形態都非常一致，讓人對研究當代中國改革的趨向可以有一個側面的認識。

一九八六年蔣禮鴻作《商君書錐指》，以嚴萬里本為底本，謹嚴的校注整理，獨立的學術研究，令學風為之一轉。一九九〇年代，學者張覺用力最多，先後出版大量論文、校釋本及導讀，他於二〇〇九年出版的《商君書導讀》，討論《商君書》的內容價值外，又注釋了全書，對推廣古籍閱讀不遺餘力。臺灣學者賀凌虛的《商君書今註今譯》，貝遠辰注譯、陳滿銘校閱的《新譯商君書》，都以中華文化復興為目的，參考嚴萬里等學者的説法，校注《商君書》。

商君書的思想特點

商鞅是個原創性很強的思想家。對於怎樣治理國家，他認為效法古代不一定能成功。在〈更法〉、〈開塞〉等篇章之中，他指出堯、舜、禹治國之法都不一樣，可見治國無定法，既然如此，那就沒有必要效法古人，只要找對自己所走的路，國家一樣可以治理好。〈更法〉中闡明了這個意思：「治世不一道，便國不必法古。」又說「三代不同禮而王，五霸不同法而霸」，治國沒有一個特定的方式，正如夏、商、周三代及春秋五霸各以不同的方式成就王道霸業一樣。〈開塞〉中更說：「聖人不法古，不修今。法古則後於時，修今則塞於勢。周不法商，夏不法虞，三代異勢，而皆可以王。故興王有道，而持之異理。」為甚麼不要效法古人呢？因為效法古人會令國家追不上社會的實際發展要求，以致拘泥於現狀而困窘於形勢。夏、商、周三代不互相效法都可以成就王道，所以治理國家的方法，不必相同。

這個理論，成為商鞅治國的理論根據，他繼而摒棄儒家思想，開創了一個治國的思維格局，那就是以法治國。

以法治國的理念

以法治國，即制定不同的規章制度，管治民眾，駕馭人心，由此整頓國家，達致國富兵強的目的。〈去彊〉中說：「以法治者，彊。」〈慎法〉中說：「法任而國治矣。」肯定了以法治國的重要性。〈開塞〉更認為法制與君主兩者同樣重要：「古者民藂生而羣處，亂，故求有上也。然則天下之樂有上也，將以為治也。今有主而無法，其害與無主同；有法不勝其亂，與無法同。」能夠把散亂的民眾管治好，是天下人所樂見的。但是國家有君主而沒有法制，等同於沒有君主，就算有法制，若制法或執法不妥當，也等同於國家沒有法制。這就把法制提高到一個頗為重要的層次，法制體系不健全等同於沒有法制，也等同於國家沒有君主。

商鞅為確立法制的重要地位，批評維繫綱紀倫常的儒家思想，從而為立法鋪路。〈畫策〉提出：「聖王者，不貴義而貴法。」〈靳令〉更大力反對儒家：「六蝨：曰禮、樂，曰《詩》、《書》，曰修善，曰孝弟，曰誠信，曰貞廉，曰仁、義，曰非兵，曰羞戰。國有十二者，上無使農戰，必貧至削。」認為儒家經典和綱常禮教是令國家積弱的主要原因。既然儒家思想不能有效管治國家，那只有確立良好的法制才可以使國家得到治理。如何立法？可以因應時機和觀察風俗來確立法規，〈算地〉說：「故聖人之為國也，觀俗立法則治；察國事本則宜。不觀時俗，不察國本，則其法立而民亂，事劇而功寡。」立法也要明白易知，務必令人人都能理解。〈定分〉說：「故聖人為法必使之明白易知，名正，愚知徧能知之。」為甚麼人人都要懂得法制？人人皆懂，法制便容易推廣，更容易為人所共守，知法犯法的人就會大大減少。

以刑去刑的賞罰原則

商鞅重視賞罰，在賞善罰惡兩者之中，更重視用重刑，認為重刑能有效阻止民眾犯法。民眾因怕嚴刑而不敢犯法，反過來就不需要刑罰了，這就是以刑去刑的意思。〈賞刑〉說：「夫先王之禁，刺殺，斷人之足，黥人之面，非求傷民也，以禁姦止過也。故禁姦止過，莫若重刑。刑重而必得，則民不敢試，故國無刑民。」定立重刑的原意並非要傷害民眾，而是要禁止人民干犯任何奸邪過失。所謂重刑，其實就是酷刑，〈境內〉說：「不能死之，千人環規，黥劓於城下。」如果怕死不上戰場，就要在眾目睽睽下，接受在臉上刺字和割下鼻子的刑罰。重刑之下，甚至會株連那些與犯罪者有關係的人，他們雖然沒有犯錯，但一樣會受牽連。〈墾令〉中說：「重刑而連其罪，則褊急之民不訟，很剛之民不鬭，怠惰之民不游，費資之民不作，巧諛、惡心之民無變也。」就是說，在重刑之下，急躁的人不敢爭吵，兇殘霸道的人不再打鬥，懶惰的人也不敢到處遊蕩，揮霍的人也不再浪費，諂媚、令人厭惡及變詐的人不敢行騙。

相對於施行重刑，也要論功行賞，但是要重刑少賞。為甚麼呢？〈畫策〉有這樣的解釋：「重刑少賞，上愛民，民死賞；重賞輕刑，上不愛民，民不死賞。」刑罰重而賞賜少，這是君主愛護人民，人民會為了得到賞賜而拚死效力。賞賜重而刑罰輕，這是君主不愛護人民，人民就不會為了賞賜而拚死效命。

商鞅不是不重視賞賜，而是要賞賜得其法，避免濫賞；對於那些投身農戰的人，賞賜就多了。〈境內〉更說明了爵位制度和論功行賞的具體落實方法，主要以在戰爭中殺人的數量作為標準，多殺多賞，受賞賜的人可以獲得田宅土地，也可以任官或者減刑。

壹賞、壹刑、壹教的執法方案

就國家管治的層面來說，商鞅很看重「壹」的治道概念，即立法、執法、教化等方面都要一致。〈賞刑〉說：「聖人治國也，審壹而已矣。」就是說，聖明的人管治國家，只是考慮統一賞賜、統一刑罰、統一教化而已。〈農戰〉中也說：「國作壹一歲者，十歲彊；作壹十歲者，百歲彊；作壹百歲者，千歲彊。」意思是說，國家專心農戰一年，就能強大十年；國家專心農戰十年，就能強大一百年；國家專心農戰一百年，就能強大一千年。治國之道在於上下目標一致，這樣人民就會安定，國家就能一直強大下去。

〈賞刑〉提到「壹賞」、「壹刑」、「壹教」，壹賞和壹刑，就是不論地位與階級，賞罰、教化都要一致。篇中說：「聖人之為國也：壹賞，壹刑，壹教。壹賞，則兵無敵；壹刑，則令行；

壹教，則下聽上。」意思是說，聖人治理國家，統一賞賜，統一刑罰，統一教化。實施統一的賞賜，那麼軍隊就會無敵於天下；實行統一的刑罰，那麼君主的命令就能實行；實行統一教化，那麼人民就會聽從君主的役使。也就是說，賞賜無等級，無論智愚、貴賤、勇怯、賢與不賢，只要肯出死力，則論功行賞，所以兵力無敵；在重刑之下，人人守法，無論身份與地位，上至卿相，下至庶民，有過失就用刑罰，就算有功勞也不能抵消惡行，這樣法令更易執行。

至於壹教，〈賞刑〉說：「夫故當壯者務於戰，老弱者務於守；死者不悔，生者務勸。此臣之所謂壹教也。民之欲富貴也，共闔棺而後止。而富貴之門，必出於兵。是故民聞戰而相賀也，起居飲食所歌謠者，戰也。」也就是說，那些身強力壯的人致力於作戰，年老體弱的人致力於防守，死在戰場上的人不後悔，活着的人互相鼓勵，這就是我所說的統一教化。人民中想要得到富貴的，都是到死後蓋上棺材才停止。求取富貴的方法一定都由戰爭而來，所以人民聽說開戰就互相道賀，人民日常起居飲食所唱的歌謠，全是打仗的事。

對於人民的教化，商鞅認為無論是壯健的還是老弱的，無論是負責攻擊的還是負責防守的，都是在為戰爭出力，都可打開通向富貴的大門。人民因追求富貴，聽聞戰事就互相恭賀，起居飲食都在歌頌戰爭。這就是壹教，就是說教化的內容一致，要教導人民，農戰是達致富貴的手段。

作為國家策略的農戰

農戰是重要的國家策略，其實施成功與否，是國家興亡的主因。所謂農戰，是農業與戰事的結合。沒有戰事，人民回到田裏從事農務，自給自足；若有戰事，就共同對外抗敵，戰事完結，論功行賞。農務與戰事合一，互為表裏。沒有農耕作為戰爭的資本，國家就沒有能力征戰。所以〈農戰〉說：「國不農，則與諸侯爭權不能自持也，則眾力不足也。」如果不重視農耕，一個國家實在沒有甚麼資本與諸侯各國競爭，因為民眾的力量不夠。

《商君書》非常重視那些影響農業、影響人民耕作的因素。因為儒家追求溫柔敦厚，無益於戰事，所以〈靳令〉說：「六蝨：曰禮樂，曰《詩》、《書》，曰修善，曰孝弟，曰誠信，曰貞廉，曰仁、義，曰非兵，曰羞戰。國有十二者，上無使農戰，必貧至削。」禮樂、詩書、仁義道德對農戰無補於事，就要大加否定，這是《商君書》的消極面。從積極面來說，君主大力推崇農戰、獎勵農戰，則有助於加強國家的實力，民眾也可以從中受益。

正如〈壹言〉所說：「故民之喜農而樂戰也，見上之尊農戰之士，而下辯說技藝之民，而賤游學之人也。故民壹務，其家必富，而身顯於國。」也就是說，人民之所以喜愛從事農耕而樂意作戰，是因為看到君主尊重從事農耕和作戰的人，看輕靠空談或技藝吃飯的人，更輕視到處遊學的人。所以人民專心從事農戰，他的家裏一定富有，而自己也會在國中顯貴。農戰不僅可以令國家富強，也可以令人民富裕、顯貴，國家與人民由此可以達致雙贏的局面。

具體的措施就是秦國制定了土地制度、戶籍制度，分配土地予人民，讓他們安於農務，奮勇爭戰，而且，為了激勵人民農戰，授田成為賞賜的主要項目。

國家希望人民可以參與農戰，一看到戰事，就如餓狼看到肉塊，要立刻撲去吃掉一樣，但是現實往往未必能夠這樣。〈畫策〉提過：「凡戰者，民之所惡也。」戰爭會有死傷，民眾一般會對戰爭感到憎惡，那麼，作為君主，怎樣做才可以使民眾投入農戰之中呢？

〈徠民〉提出召募別國的人民來秦國協助耕作，讓秦國的農民可以在戰時無後顧之憂。此外，〈外內〉還提到提高糧食的價錢，對不參與農戰的人徵收重稅，尤其是對商販大徵重稅，以鼓勵人民由從商改為務農，最後參與農戰；〈墾令〉更提到抑商的政策，限制行商的活動；又不讓大夫招聘傭人，以免令人怠惰不事農務；也限制那些「游食者」，要他們參與農戰。「游食者」就是指那些逃避參與農務，也不參軍的人。種種措施，目的只有一個，就是防止務農的人減少，以免影響國家的穩定。

權與術所體現的大公無私

談到管理國家的三個重要因素，〈修權〉認為：法、信、權都很重要，而三者之中，法居首位。〈修權〉說：「國之所以治者三：一曰法，二曰信，三曰權。法者，君臣之所共操也；信者，君臣之所共立也；權者，君之所獨制也。人主失守，則危；君臣釋法任私，必亂。故立法明分，而不以私害法，則治；權制獨斷於君，則威；民信其賞則事功成，信其刑則姦無端。」法制是君主和臣民所共同遵守的，例如刑賞的制度建立之後，犯了罪就要受刑，有戰功就要犒賞；而信任則是君主和臣民共同建立的，信任一旦被破壞，君臣關係就會出亂子。權柄則由君主獨自掌控。君主掌權失守，或君臣執法偏私，破壞信任，都會危及國家，兩者都是個人的問題，而法制是人人都必須遵守的，具有普遍意義，因此法制於三者之中最為重要。

治國要無私，在〈修權〉討論私天下和非私天下的問題時，再次得到強調。商鞅認為，治理天下是為天下而治天下，並非以私有天下來治天下，前者是法制的根基，是令國家得治的先決條件；而私有天下，往往是亡國的開始。

〈修權〉：「故三王以義親天下，五霸以法正諸侯，皆非私天下之利也，為天下治天下。……今亂世之君臣，區區然皆擅一國之利而管一官之重，以便其私，此國之所以危也。故公私之交，存亡之本也。」意思是說，三王靠正義得到天下，五霸靠法制控馭諸侯，都不是以天下為私，而是為天下百姓治理天下。……現在亂世的君臣，都得意於能專享一個國家的利益而控制官吏的大權，以滿足其私慾，這是國家陷於危機的原因。所以公私分明是存亡的根本。

歷史上的三王和五霸都是為天下百姓而治天下，出發點是為公而非為私；為私而治天下，則容易陷入個人私利的糾纏之中，令國家的管治生亂。因此，商鞅認為，公私分明，是國家存亡的根本因素。

權柄是私有的，但在實踐法令時，卻要無私，以私有的權柄實踐無私的法令，其間需要「數」的管治策略。「數」即「術」，是君主駕馭臣子或管治人民的策略，更是執法時的具體策略。〈算地〉說：「數者，臣主之術，而國之要也。故萬乘失數而不危，臣主失術而不亂者，未之有也。今世主欲辟地治民而不審數，臣欲盡其事而不立術，故國有不服之民，主有不令之臣。」也就是說，管治的方法，是大臣與君主的權術，也是治國的關鍵。所以，擁有萬輛兵車的大國管治失誤卻不危險，臣子與君主權術運用不當而國家不混亂，是從來沒有的。現在君主想要開闢疆土、管治人民卻不詳察管治方法，大臣想要盡職盡責卻不確立權術。所以，國家有不服從的人民，君主有不聽命的大臣。可見，「術」是治國的重要策略，推行法制得其術，則可收事半功倍之效。

另外，法制一旦建立，怎樣執行才可令臣民覺得平等和無私呢？〈算地〉：「君子操權一正以立術，立官貴爵以稱之，論勞舉功以任之，則是上下之稱平。上下之稱平，則臣得盡其力，而主得專其柄。」君子操控權柄、統一政策而制定管治方針，通過封官授爵來稱讚人民，按照功勞大小來任用官吏。這樣，上上下下就會公平。上下公平，臣子就能為國盡力，君主也能掌握權柄。

因此，在國家的管治架構裏，君主要考慮各個持份者的角色和位置，運用權責時，要利用策略，推行法政自然水到渠成。

總結——以法治國與現代管理思維

《商君書》所談及的治國原則、策略與方法，與現代管理亦有相通之處。是書雖然主要着墨於國家事務，面向的讀者對象卻不僅限於帝王。書中涉及的政府立法、行政等，對執法官員也是適用的，可釐清管治的內涵，以實現有效管理。以下從四方面去歸納《商君書》的管理思維。

第一，管理的願景與使命。例如〈說民〉和〈定分〉提及治國的理想境界，〈賞刑〉和〈立本〉談賞賜、刑罰和教化的治國總原則，〈修權〉談令國家安定的三個因素。

第二，管理的策略。例如，〈農戰〉和〈外內〉談國家的發展策略，〈戰法〉和〈兵守〉談作戰的策略。

第三，管理者的素質核心。例如〈壹言〉談領導力，即如何提升團隊的效能；〈錯法〉談執行力，探討執行賞罰的方案和效能；〈戰法〉談作戰力，即戰勝敵人的能力；〈靳令〉談決斷力，就是嚴格執行法令的能力。

第四，管理的方法，即從國家發展的不同層面提出管理方案。例如〈算地〉談土地和人口的分配和管理；〈禁使〉談官員的利益管理，探討利益衝突如何避免；〈賞刑〉和〈境內〉談績效管理，分析如何有效提高國家生產力；〈慎法〉談人事管理，檢討官員的選拔方式；〈畫策〉談政策規劃，探討國家和人民的意志如何實現，國家的全盤規劃可以怎樣實施；〈徠民〉談移民管理，探討怎樣令來自別國的人民貢獻本國；〈君臣〉談君主的角色及其與臣民的等級關係。由此，閱讀《商君書》即可以了解中國人的古代管理思維和整個管理體系在國家政治中的落實。

《商君書》的管理思維並沒有忽略人性的特點。治國先要定立目標，評估所能獲得的成效；立法規管人的行為，並引導他們向國家的目標進發；施法的對象是人，國家也要依靠人民參與農耕，共同為國出力。這樣，在制定和推行法令時，要一併考慮人的因素，否則難以落實。〈畫策〉在談政策規劃時曾提及人民討厭戰爭，那是人之常情。把這個人性特點考慮進去，在立法時就要從幾個方面加以考慮：首先，引入非本地的人來參加農戰，為本國人民增加後備支援；繼而大力激勵本地人民一起參戰。同時，政府立法把那些影響國策推行的種種因素，例如：害怕作戰、懶惰、為了聲色犬馬等，一一清除。談到如何鼓勵農務，其中一個方法就是不准農民買進糧食，也不准商人售賣糧食。買不到糧食，懶惰的農民只得努力務農；不可出售糧食，商人的利潤就不能增加，這時，商人就會想到務農，因為只有務農才可以獲利。懶惰的農民努力務農，商人也想去務農，那麼，荒地就一定能得到開墾。另外，政府提倡儉樸，要去掉鄙俗的聲色和華美的服飾，以克服人性的懶惰和不專心。這樣，當農民心無旁騖、努力工作時，荒地就能得到開墾了。訂定立法制度，考慮人性的因素，看似限制人身自由，事實上管理國家、管理人性、管理自己是一以貫之的。

《商君書》的管理思維照顧了不同的持份者，讓施政更到位。也就是說，要達成國家的目的，就要考慮推行新政時所有持份者的角色和責任。在〈墾令〉之中，國家開墾荒地，要按持份者的不同背景制定法令。例如針對貴族的服役法令，要求即便是貴族子弟也不可豁免服役。要求國家大臣、知識分子不可以利用廣博多能、辯才無礙來擾亂農民，影響他們下田工作。要求官員正直善良，減少徵收稅項，令農民不勞累，這樣他們下田時間就多。擴大可參與徭役人員的範圍，商人的奴僕也要參加徭役，就可多些人參與公田與私田的開墾。〈君臣〉提到君主、大臣和人民的角色和關係，在制定法令時，同時兼顧各階層的利益，將大家的力量聚焦在國家的建設上。

君曰：「代立不忘社稷[1]，君之道也；錯法務明主長[2]，臣之行也。今吾欲變法以治，更禮以教百姓[3]，恐天下之議我也[4]。」

注釋

1 代立：繼任君位。社稷：古代君主所祭祀的土神和穀神，社為土神，稷為穀神，是國家的象徵，後來社稷用來指代國家。

2 錯法：錯，通「措」，即安排、施行。錯法指施行法令。明：彰顯。長：權威。

3 教：教化。

4 議：批評。

譯文

秦孝公說：「繼任君位不忘國家社稷之事，是當君主的應有之道；施行法令盡力彰顯君威，這是做臣子的應有之道。現在我希望通過改革法制來治國、改變禮制來教化百姓，恐怕天下的人都會批評我。」

賞析與點評

秦孝公的顧慮是可以理解的，任何改革都會對老百姓產生影響，為君與為臣，要各司其職、各盡其責。

公孫鞅曰：「臣聞之：『疑行無成，疑事無功。[1]』君亟定變法之慮[2]，殆無顧天下之議之也[3]。且夫有高人之行者，必見非於世[4]；有獨知之慮者，必見毀於民[5]。語曰：『愚者暗於成事[6]，知者見於未萌[7]。』『民不可與慮始，而可與樂成。』郭偃之法曰[8]：『論至德者不和於俗，成大功者不謀於眾。』法者，所以愛民也；禮者，所以便事也。是以聖人苟可以彊國，不法其故；苟可以利民，不循其禮。」

孝公曰：「善！」

注釋

1 疑行無成，疑事無功：疑，遲疑，猶豫不決。行動遲疑不決不會有成就，做事遲疑不決不會有功勞。

2 亟：急、趕快。

3 議：批評。

4 非：反對，不贊成。

5 毀：詆毀。

6 暗：昧於，不明白。

7 知：通「智」。

8 郭偃：春秋時晉國大夫，曾倡變法，世稱「郭偃之法」。

譯文

公孫鞅說：「我聽聞：『行動遲疑不決不會有成就，做事遲疑不決不會有功勞。』君主快些訂定改革的想法，毋需顧慮天下人的批評。況且高明的人，行事一向會被世俗人所反對；有獨到見解的人，也會受到民眾的詆毀。俗語說：『愚昧的人在事成後還弄不明白，智者卻能預見事情發生的跡象。』『不可以讓人民一開始就跟着思考事情，只能夠事成後一起慶祝。』郭偃的改革表明：『具有崇高道德的人不與世俗同流，成就大事業的人不與眾人謀議。』法令，是為了愛護人民而設；禮制，是為了便於處理事情。所以聖人如果要使國家富強，就不再沿用舊有的法制；如果可以使人民得到好處，就不去遵循舊的禮制。」

孝公說：「好！」

賞析與點評

用高明與愚昧作對比來說服秦孝公，商鞅的辯說策略用對了，誰不想做個聰明人？誰不想國家富強、利益人民呢？

甘龍曰：「不然。臣聞之：『聖人不易民而教[1]，知者不變法而治。』因民而教者，不勞而功成；據法而治者，吏習而民安[2]。今若變法，不循秦國之故，更禮以教民，臣恐天下之議君，願孰察之[3]。」

注釋

1 易：改變。民：當指民俗。

2 習：熟悉。

3 孰：同「熟」，仔細。察：考慮。

譯文

甘龍說：「不對。我聽聞：『聖人不會改變百姓的習俗來施行教化，聰明人不會通過改革來治理國家。』按照百姓習俗來施行教化，不費勁就能成功；依照本來的法制來治理國家，官吏熟習，人民安樂。現在如果要改革，不依循秦國舊有的體制，改變禮制教育人民，我恐怕天下人會批評君主，希望君主仔細考慮一下。」

賞析與點評

甘龍從以不變應萬變的角度出發，不希望改變現狀，因為一旦改變現狀，人民就一定會批評君主，天下人都批評君主就會對施政不利。甘龍想以此說服秦孝公。

公孫鞅曰：「子之所言，世俗之言也。夫常人安於故習，學者溺於所聞[1]。此

兩者，所以居官而守法[2]，非所與論於法之外也。三代不同禮而王[3]，五霸不同法而霸[4]。故知者作法，而愚者制焉[5]；賢者更禮，而不肖者拘焉[6]。拘禮之人不足與言事，制法之人不足與論變。君無疑矣。」

注釋

1 溺：陷入，此指拘泥。
2 居官：當官。
3 三代：上古夏、商、周。王（粵：旺；普：wàng）：稱王。
4 五霸：春秋時代稱霸的諸侯，指齊桓公、宋襄公、晉文公、秦穆公、楚莊王。
5 制：墨守。
6 不肖者：沒有才幹的人。

譯文

公孫鞅說：「您所說的話，不過是世俗的觀點。一般人安於舊有的習俗，做學問的人拘泥於所見所聞。這兩類人，他們只能當官並遵守法制，卻不能跟他們討論改革的事情。夏、商、周這三個朝代禮制不同（君主）卻都能稱王，春秋五霸各自的法制不同卻可分別稱霸。所以聰明的人能建立法制，愚昧的人墨守法令；賢能的人改革禮制，而沒有才幹的人墨守禮制。墨守禮制的人不可跟他討論國家大事，墨守舊法制的人不可跟他討論改革。君主不要遲疑了。」

賞析與點評

商鞅繼續運用對比的策略，以世俗與拔乎流俗、聰明與愚昧、賢能與無才以及三王五霸時代與現在秦國的形勢來作對比，說明改革是必要的。

杜摯曰：「臣聞之：『利不百，不變法；功不十，不易器。』臣聞：『法古無過，循禮無邪[1]。』君其圖之[2]！」

注釋

1 邪：不正。

2 圖：仔細想想。

譯文

杜摯說：「我聽聞：『沒有百倍的利益，不要改革法制；沒有十倍的功效，不要改換其他工具。』我還聽聞：『依循舊有法制不會有過錯，遵循舊有禮制不會有偏差。』希望君主仔細想想。」

賞析與點評

杜摯從功效和對錯兩個方面，證明改革沒有實效，論據比較薄弱。

公孫鞅曰：「前世不同教[1]，何古之法？帝王不相復[2]，何禮之循？伏羲、神農教而不誅[3]，黃帝、堯、舜，誅而不怒[4]，及至文、武[5]，各當時而立法[6]，因事而制禮。禮、法以時而定，制、令各順其宜[7]，兵甲、器備各便其用。臣故曰：治世不一道，便國不必法古。湯、武之王也[8]，不修古而興；殷、夏之滅也，不易禮而亡。然則反古者未必可非，循禮者未足多是也[9]。君無疑矣。」

注釋

1 **教**：政治教化。

2 **復**：重複。

3 **伏羲**：中國古代傳說中的人物，也叫伏犧氏或犧皇。畫八卦，教人漁獵及煮食。**神農**：傳說中的古代帝王。教民耕作，曾嘗百草，製藥治病。**誅**：懲罰。

4 **黃帝**：傳說中的五帝之一，中原各族的先祖。**堯**：傳說中的五帝之一，聖明賢德，是各族的首領，又稱唐堯。**舜**：傳說中的五帝之一。原始時代有虞氏的部落首領，故又稱虞舜。**誅而不怒**：懲罰不過分。

5 **文**：指周文王，商代末年西方諸侯，行仁政。**武**：指周武王，文王之子。他聯合庸、蜀、羌等部族，打敗商紂，建立西周。

6 **當**（粵：蕩；普：dàng）：順應。

7 **宜**：適宜的事情或情況。

8 **湯**：商湯，商族部落領袖，滅夏桀，建立商朝。**武**：指周武王。

9 **循**：依循。

譯文

公孫鞅說：「前朝有不同的政教，該效法哪個朝代的法制呢？古代帝王的法制不會重複，該遵循哪種禮制呢？伏羲、神農施行教化不用懲罰，黃帝、堯、舜施行懲罰但不過分，到了周文王和周武王時，他們各自順應當時的情況建立法制，根據國家的具體情況建立禮制。禮制和法令根據實際情況來制定，法條、命令順應當時的社會情形，就像兵器、鎧甲、器具、裝備要便於使用一樣。我因此說：治理國家不止一種方式，對國家有利的不必效法古代。商湯、周武王稱王於天下，不遵循古代法制而興旺；殷和夏的滅亡，不是因為他們改革舊禮制才覆亡的。既然這樣，違反舊有法制的人不一定不對，遵循舊有禮制的人不一定對。君主對改革的事就不要遲疑了。」

賞析與點評

商鞅認為，古代法制的訂立是按當時的實際需要而來的，沒有一貫的治國法制。基於這一點，他們也不會因循舊有法制，而是自創新體制來管治國家。以此推知，秦要治國得法，就要建立新的法制，改革舊有過時的法制。

孝公曰：「善！吾聞『窮巷多怪[1]，曲學多辨[2]』。愚者笑之，智者哀焉；狂夫之樂，賢者喪焉。拘世以議，寡人不之疑矣。」於是遂出墾草令[3]。

注釋

1 窮巷：住在窮鄉僻壤的人。

2 曲學：學識淺陋的人。辨：爭辯。

3 墾草令：秦孝公頒佈的變法草案，鼓勵開墾荒地，重農抑商。

譯文

孝公說：「好。我聽聞『住在窮鄉僻壤的人少見多怪，學識淺陋的人多喜歡爭辯』。愚昧的人所取笑的事，聰明人往往感到悲哀；狂妄的人感到快樂的事，賢能的人卻有所擔憂。那些拘泥於世俗偏見的議論，我再也不會因它們而感到遲疑了。」於是，頒行了開墾荒地的法令。

賞析與點評

顯而易見，秦孝公的思路跟商鞅一致，即把自己看成是聰明人、賢能的人、不拘泥於成見或世俗意見的人，因此他毫不猶疑地要頒行改革的草案。草案從多方面提出解決方法：整治行事不正的官員，提升農務的效率；按人口徵收重稅，增加勞動力，等等，這是後話。

墾令第二

本篇導讀——

墾令，即上文所提及的墾草令，是鼓勵開墾荒地的草案。墾草令的內容，在睡虎地秦簡的秦律之中可見一二，此令確曾於秦國執行。此草案條目雖然繁多，但是全部圍繞開墾荒地展開，指出法制的訂立會帶來連鎖效應，限制某一需求，另一需求就會減少，而一方面的減少會帶來另一方面的增加。該草案涉及：把官員執法偏私弄妥；依農產品的多寡徵稅；依人口徵稅；管制出門外遊、旅館以及聲色娛樂，提高酒肉這些非必需品的價格；統一管理山林、湖澤；運用重刑改造人民；貴族與平民服役一視同仁；操控農民的行為、言論等二十條，其目的是運用各種手段，提高生產值。

無宿治[1]，則邪官不及為私利於民[2]，而百官之情不相稽[3]。百官之情不相稽，則農有餘日[4]。邪官不及為私利於民，則農不敗[5]。農不敗而有餘日，則草必墾矣。

注釋

1 宿：隔夜，辦事拖延。

2 邪官：行事不正的官員。

3 情：實情。稽：滯留。

4 餘日：空閒。

5 敗：損失。

譯文

處理事務不拖延，行事不正的官吏就來不及在人民身上謀取私利，而眾大臣辦事就不會互相延遲。眾大臣辦事不互相延遲，那麼農民就會有空閒時間。行事不正的官員來不及在人民身上謀取私利，那麼農民就不會有損失。農民沒有損失而又有空閒時間，那麼荒地就一定可以得到開墾。

賞析與點評

官員執法不當是農務滯後、發展受阻的主因，所以本篇一開首就提出要整頓吏治。官員負責執法，不好好予以整治，法制的執行會遭到嚴重阻延。

訾粟而稅[1]，則上壹而民平[2]。上壹則信[3]，信則官不敢為邪。民平則慎[4]，慎則難變。上信而官不敢為邪，民慎而難變，則下不非上，中不苦官[5]。下不非上，中不苦官，則壯民疾農不變[6]。壯民疾農不變，則少民學之不休[7]。少民學之不休，則草必墾矣。

注釋

1 訾：估量，計算。

2 壹：亦作「一」，一致。

3 信：信任、信約。

4 慎：慎重、謹慎。

5 苦：怨恨。

6 壯民：年長的民眾。疾：盡力。

7 少民：年少的民眾。

譯文

依糧食的產量來徵稅，那麼國家的法制就一致，就可公平對待人民。國家法制一致，公平對待人民，官員就不敢胡來。公平對待人民，人民就會慎重做事，人民慎重做事，就不會生出異心。這樣，百姓不會對君主不滿，不會怨恨官員。百姓不會對君主不滿，不怨恨官員的時候，那麼年長的民眾就會努力務農。年長的民眾努力務農，那麼年少的民眾就會一直仿效。年少的民眾一直仿效，荒地就一定能得到開墾了。

賞析與點評

徵稅的法令若能以平等原則推行得宜，會帶出連鎖效應，全國上下各盡其職，荒地開墾一事就易辦了。

無以外權任爵與官[1]，則民不貴學問，又不賤農。民不貴學則愚，愚則無外交。無外交，則國安而不殆[2]。民不賤農[3]，則勉農而不偷[4]。國安不殆，勉農而不偷，則草必墾矣。

注釋

1 外權：國家以外的政權。任：擔任。

2 殆：危險。

3 賤：輕視。

4 勉：努力。偷：懶惰。

譯文

不依靠國家以外的政權來升官晉爵，那樣百姓就不會重視學問，也不會輕視農業。百姓不重視學問，就會愚昧。百姓愚昧沒學問，就不會到外國交遊。百姓不到外國交遊，那麼國家就沒有危險。農民不輕視農業，就會努力務農而不懶惰。國家沒有危險，農民努力務農不懶惰，那麼荒地就一定能得到開墾了。

賞析與點評

不憑藉外力升遷，不重視學問，不到別國交遊，同時也不輕視務農，人民自會努力務農。這種連鎖關係，商鞅甚為重視。

祿厚而稅多，食口眾者[1]，敗農者也。則以其食口之數，賦而重使之[2]，則辟淫游惰之民[3]，無所於食。無所於食則必農，農則草必墾矣。

注釋

1 食口：指依附貴族的食客。

2 賦：徵稅。使：指徭役。

3 辟淫游惰之民：遊手好閒的人。辟，邪。

譯文

（士大夫貴族的）俸祿豐厚而收取的租稅又多，家中食客眾多，這會損害農業。那就要依據他們豢養的食客數目，加重賦稅和徭役。那些遊手好閒的人就沒有地方混飯吃。這些遊手好閒的人無處混飯吃，就一定會去務農。他們也去務農，那麼荒地就一定能得到開墾了。

賞析與點評

這項措施令投閒置散的人也不得不參加農務，從而增加了國家的勞動人口。

使商無得糴[1]，農無得糶[2]。農無得糶，則窳惰之農勉疾[3]。商無得糴，則多歲不加樂[4]。多歲不加樂，則饑歲無裕利[5]。無裕利，則商怯[6]。商怯，則欲農。窳惰之農勉疾，商欲農，則草必墾矣。

注釋

1 糴（粵：跳；普：tiào）：賣出。

2 糴（粵：笛；普：dí）：買進。

3 窳（粵：羽；普：yǔ）惰：懶惰。勉疾：勤勉。

4 多歲：豐年。樂：樂歲，指增加利潤。

5 裕：充裕，此指多餘。

6 怯：擔憂，顧慮。

譯文

商人不得售賣糧食，農民不得買進糧食。農民不得買進糧食，懶惰的農民就會努力務農。商人不得售賣糧食，豐年時就不能增加利潤。豐年沒有可觀的利潤，那麼饑年更沒有厚利。沒有厚利，商人就會有顧慮。商人有顧慮，就想務農。懶惰的農民努力務農，商人也想去務農，那麼荒地就一定能得到開墾了。

賞析與點評

控制貿易，從而抑制商販，鼓勵農業，令懶惰的農民也勤快起來。這是提高生產力的重要措施。利潤是百姓選擇以務農為生還是以經商為業的一個衡量標準，利潤的高低決定了職業的方向。

聲服無通於百縣[1]，則民行作不顧[2]，休居不聽[3]。休居不聽，則氣不淫[4]；行作不顧，則意必壹[5]。意壹而氣不淫，則草必墾矣。

注釋

1 聲服：靡靡之音和華美服飾。

2 行作：行走工作。

3 休居：在家休息。

4 淫：放縱。

5 壹：專一，集中。

譯文

不允許靡靡之音和華美服飾在地方流行，農民外出工作時就不會看見華美服飾，在家休息時聽不到靡靡之音。休息時聽不到靡靡之音，那麼精神就不會渙散；耕作時看不到華美服飾，就一定會專心。心意專一而精神不渙散，那麼荒地就一定能得到開墾。

賞析與點評

對娛樂和服飾都加以管制，要求農民集中精力從事農務，把那些影響耕作的因素，通過法令全部禁掉。這是要求農民保持淳樸的施政方針。

無得取庸[1]，則大夫家長不建繕[2]。愛子不惰食[3]，惰民不窳[4]，而庸民無所於食，是必農。大夫家長不建繕，則農事不傷。愛子惰民不窳，則故田不荒。農事不傷，農民益農，則草必墾矣。

注釋

1 庸：同「傭」，聘用傭工。
2 家長：即家主，一家之主。建：建築。繕：修葺。
3 愛子：指大夫、家主的子女。
4 窳：懶惰。

譯文

不准聘用傭工，大夫、家主就不會修建房屋。他們的兒女就無法不勞而食，懶惰的人也不能偷懶，傭工就無法維生，就一定會去務農。大夫、家主不修建房屋，農務就不會受到妨礙。卿大夫兒女和懶惰之人不再懶惰，原本屬於他們的農田就不再荒蕪。農業生產不會受到妨礙，農民更加努力務農，那麼荒地就一定能得到開墾了。

賞析與點評

為了提高農業生產力，就連聘用傭工都要取締，目的是任何人都要親力親為，特別是卿大夫這個顯貴的階層，更要做個榜樣。

廢逆旅[1]，則姦偽、躁心、私交、疑農之民不行[2]。逆旅之民無所於食，則必農。農則草必墾矣。

注釋

1 逆旅：旅館客舍。

2 姦偽、躁心、私交、疑農之民：奸詐、浮躁、喜歡四下交遊、不安心務農的人。

譯文

取締旅館，那些奸詐、浮躁、喜歡四下交遊、不安心務農的人就不會出門，開旅館的人便無法維生，就一定會去務農。（他們也）去務農的話，那麼荒地就一定能得到開墾了。

賞析與點評

為了讓人專心務農，不主張人四出外遊，要一心一意做好農耕的工作，於是管制旅館，讓開旅館的人都去務農。

壹山澤[1]，則惡農、慢惰、倍欲之民無所於食[2]。無所於食，則必農。農則草

必墾矣。

注釋

1 壹：統一，意謂收歸國有。

2 倍欲：非常貪心，有很大的貪念。

譯文

統一管理山林、湖澤，那些不喜務農、怠慢懶惰、非常貪心的人就無法維生。無法維生，就一定會去務農。（他們也）去務農的話，那麼荒地就一定能得到開墾了。

賞析與點評

政府統一管理山林、湖澤，讓那些依靠山林、湖澤為生的人，不能再利用山林、湖澤的資源自給，只有依照國家安排去務農過活。

貴酒肉之價，重其租，令十倍其樸[1]。然則商賈少[2]，民不能喜酣奭[3]，大臣不為荒飽[4]。商賈少，則上不費粟；[5]民不能喜酣奭，則農不慢；大臣不荒飽，則國事不稽，主無過舉[6]。上不費粟，民不慢農，則草必墾矣。

注釋

1 樸：成本。

2 商賈（粵：古；普：gǔ）：商人，出售貨物的人。

3 酣奭（粵：式；普：shì）：喝酒過度，大量喝酒沒有節制。酣，半醉。奭，盛，過多。

4 荒飽：指大吃大喝。荒，放縱。

5 商賈少，則上不費粟：全句的意思是說商販少了，大吃大喝少了，國家浪費的糧食也就少了。

6 過舉：錯誤的舉措。

譯文

把酒肉價錢提高，加重它們的租稅，高出它們的成本十倍。這樣，商販就少了，人民也就不會大量喝酒，大臣也不會大吃大喝。商販少了，國家就不會浪費糧食；人民不能大量喝酒，農民就不會懈怠；大臣不會大吃大喝，國家的政事就不再拖延，君主也就不會有錯誤的舉措。國家不浪費糧食，人民不怠慢農務，那麼荒地就一定能得到開墾了。

賞析與點評

因應酬而過度浪費，反倒使國人怠惰，無心農耕。把酒肉價錢提高，可遏止驕縱浪費的行為，令人把心志放在農務上。

重刑而連其罪[1]，則褊急之民不訟[2]，很剛之民不鬬[3]，怠惰之民不游，費資之民不作[4]，巧諛、惡心之民無變也[5]。五民者不生於境內，則草必墾矣。

注釋

1 重刑：加重刑罰，或增加刑罰。連其罪：即連坐或株連，一人犯罪，其親戚朋友也受牽連。

2 褊（粵：匾；普：biǎn）急：急躁。訟：爭吵。

3 很剛：兇殘霸道。很，通「狠」。鬬：即鬥。

4 費資之民：奢侈浪費的人。作：起。

5 巧諛：諂媚。惡心：心懷不良。變：變詐。

譯文

加重刑罰甚至用連坐法，急躁的人就不敢爭吵，兇殘霸道的人就不再打鬥，懶惰的人也不敢到處遊蕩，揮霍的人也不再浪費，諂媚、心懷不良及變詐的人不敢行騙。這五類人不會在國內出現，那麼荒地就一定能得到開墾了。

賞析與點評

重刑之下，五類有害於國家實行改革的人，都會消失，這樣，開墾荒地就一定能辦到。對於行事上有偏頗的人，用重刑迫使他們立即改過，也是一個法子。

使民無得擅徙[1]，則誅愚[2]。亂農之民無所於食而必農[3]。愚心躁欲之民壹意，則農民必靜[4]。農靜，誅愚、亂農之民欲農，則草必墾矣。

注釋

1 徙：遷徙，搬家。

2 誅愚：愚昧。

3 亂：擾亂，破壞。

4 靜：安靜下來，安心工作。

譯文

令到人民不可隨便遷徙，愚昧和破壞農務的人就無法維生，一定會去務農。愚昧、浮躁的人也能專心從事農業生產，農民就一定會安心務農。農民安心務農，愚昧和破壞務農的人也想去務農，那麼荒地就一定能得到開墾了。

賞析與點評

要待人民安家落戶才授予田地，有了田地在居所附近，農耕才能開展。若人民可以隨意遷徙，其後果必然是荒廢的農田大量增加，農耕的影響力也因此被削弱。

均出餘子之使令[1]，以世使之[2]。又高其解舍[3]，令有甬官食槩[4]。不可以辟役[5]，而大官未可必得也，則餘子不游事人[6]，則必農。農則草必墾矣。

注釋

1 餘子：指貴族、卿大夫嫡長子以外的兒子。
2 世：登記冊。一說指出身。
3 解舍：指免去兵役和徭役。
4 有：取。甬官：掌管糧食的官吏。槩（粵：概；普：gài）：限量之意。本指刮平斗斛（即量米器）量米時過多白米的工具。
5 辟：通「避」。
6 事人：結識權貴以求升官。

譯文

統一發佈徵召卿大夫嫡長子以外兒子服役的法令，根據登記冊安排服役。提高他們免除服徭役的標準，下令掌管糧食的官吏發給他們定量的食物。（他們）不可逃避徭役，也不一定能做大官，因此不用四處結交權貴，那就一定會去務農。（他們）去務農的話，那麼荒地就一定能得到開墾了。

賞析與點評

此處是針對貴族頒佈的服役法令，規定貴族子弟都不可豁免服役，而且世襲的官位不一定能留給他們，要憑自己的實力才能上進。而參與務農，成了表現實力的機會。

國之大臣、諸大夫，博聞、辯慧、游居之事[1]，皆無得為；無得居游於百縣，則農民無所聞變、見方[2]。農民無所聞變、見方，則知農無從離其故事[3]，而愚農不知，不好學問。愚農不知，不好學問，則務疾農。知農不離其故事，則草必墾矣。

注釋

1 辯慧：巧辯。游居：周遊。

2 聞變：聽聞形勢變化。方：四周事物。

3 知：同「智」，有智慧，聰明。故事：舊事，舊業。

譯文

國家的大臣、眾大夫，都不可以表現得廣博多能、辯才無礙，也不可四出周遊到處居住；不可到各郡縣居住遊説，那麼農民就無從聽到國家的形勢變化，看到周圍的事物。農民無從聽到國家的形勢變化，看到周圍的事物，那麼有智慧的農民就不會離開他們原本從事的農務，愚昧的農民則不聰明，不喜歡學問。愚昧的農民不聰明，不喜歡學問，就會積極務農。有智慧的農民不離開他們原本從事的農務，那麼荒地就一定能得到開墾了。

賞析與點評

控制言論，不許那些獲得消息的大臣們把國家的形勢變化等信息透露給農民，以免他們無心工作，影響農地的開墾。

令軍市無有女子[1]，而命其商令人自拾甲兵，使視軍興[2]。又使軍市無得私輸糧者，則姦謀無所於伏[3]。盜輸糧者不私稽，輕惰之民不游軍市。盜糧者無所售[4]，送糧者不私，輕惰之民不游軍市，則農民不淫，國粟不勞[5]，則草必墾矣。

注釋

1 軍市：軍中的市場。
2 視：參照，對比。軍興：到民間徵集物品供軍隊使用。
3 伏：隱藏。
4 售：賣出去。
5 勞：虧空，消耗。

譯文

下令軍隊市場上不准有女子，還要命令軍內市場上的商人自己給軍隊準備好鎧甲兵器，參照到民間徵集物品的方式，供軍隊使用。要軍市不能有私自運輸糧食的人，令那些打糧食主意的人舉動就沒辦法隱藏。偷軍糧的人不能私下囤積糧食，輕浮懶惰的人也不到軍市遊蕩。偷軍糧的人無法售賣，運送軍糧的人不能私下囤積糧食，輕浮懶惰的人就不能在軍市遊蕩，農民就不會被迷惑，國家的糧食就不會虧空，荒地就一定能開墾了。

賞析與點評

下令保護軍糧，以免奸人虧空軍糧。這條法令從側面說明了當時詐騙軍糧情況之嚴重。

百縣之治一形[1]，則徙遷者不飾[2]，代者不敢更其制[3]，過而廢者不能匿其舉[4]。過舉不匿，則官無邪人。迂者不飾，代者不更，則官屬少而民不勞[5]。官無邪，則民不敖[6]。民不敖，則業不敗。官屬少，則徵不煩[7]。民不勞，則農多日。農多日，徵不煩，業不敗，則草必墾矣。

注釋

1 一形：同一個模樣，一致。

2 徙遷：意謂調職，特別指那些失職的官員。飾：粉飾，美化。

3 代者：繼任職位的人。

4 過：過錯。廢：指罷免官位。

5 官屬：屬吏，從屬人員。

6 敖：出遊，此指離開耕地。

7 煩：繁苛。

譯文

各縣的管理必須一致，失職的官員就不能粉飾太平，繼任的官員也不能隨意更改已有的制度，有過失被罷官的人不能隱瞞過錯。有過錯不能隱瞞，官員中就沒有奸邪的人。失職的人不用粉飾太平，繼任的官員不敢更改制度，那麼從屬官員就會減少，人民負擔就不會過重。官員沒有奸邪，人民就不用離開故土。人民不用離開故土，那麼農業就不會受損害。從屬官員少了，徵收的稅項就不會多。人民負擔不重，下田時間就多。下田時間多，徵收的稅項不多，農業不受損害，那麼荒地就一定能得到開墾了。

賞析與點評

把農務放在首位，整頓吏治，罷免有問題的官員，留下幹實事的官員，讓人民少受滋擾，在田間工作的時間多些，從而讓農耕更見成效。

重關市之賦[1]，則農惡商，商有疑惰之心[2]。農惡商，商疑惰，則草必墾矣。

注釋

1 關市：關口和市場。即位於主要幹道的市集。

2 疑：懷疑，疑慮。惰：懶惰。

譯文

加重主要幹道的市集的商品賦稅，那麼農民就會不願意營商，商人也會對經商抱有疑慮。農民不願經商，商人對經商抱有疑慮，那麼荒地就一定能得到開墾了。

賞析與點評

這是另一項抑商的法令，特別在主要幹道、人流多的地方，加重商業賦税，即不鼓勵經商。反之，即鼓勵務農。

以商之口數使商[1]，令之廝、輿、徒、重者必當名[2]，則農逸而商勞[3]。農逸則良田不荒；商勞則去來賚送之禮無通於百縣[4]。則農民不饑，行不飾[5]。農民不饑，行不飾，則公作必疾[6]，而私作不荒，則農事必勝。農事必勝，則草必墾矣。

注釋

1 使：役使，徵調徭役。

2 廝、輿、徒、重：都是指奴僕。當名：與戶口登記的名字相合。

3 農逸而商勞：按照古代的規定，除為官者，只有做僕役的人可以不按照戶口的登記去服徭役。而商鞅規定商人家的僕役也需要服徭役，商人的負擔就加重了。

4 賚：贈送。

5 飾：粉飾。
6 作：耕作。

譯文

依照商人家中的人口數目徵調傜役，讓他們家的奴僕都按照登記注冊的情況服傜役，那麼農民就輕鬆而商人的負擔增加了。農民輕鬆，良田就不會荒蕪；商人的負擔增加了，往來贈送的禮物就不會在各地流通。如果這樣，農民就不會飢餓，做事不用裝點門面。農民不飢餓，做事不裝點門面，他們就會努力參與公田的農務，而私人的田地也不會荒廢，那麼農務就會做得很好。農務做得好，那麼荒地就一定能得到開墾了。

賞析與點評

擴大參與傜役的人的範圍，減輕農民的負擔，令商人的奴僕也幫忙承擔一些重負，這樣，可以讓更多人參與公田與私田的開墾。

令送糧無得取僦[1]，無得反庸[2]。車牛輿重[3]，設必當名。然則往速徠疾[4]，則業不敗農[5]。業不敗農，則草必墾矣。

注釋

1 取僦（粵：就；普：jiù）：收取僱車費用。

2 反：通「返」，返回。庸：此處義同「傭」，僱傭，指僱車運貨。

3 輿重：指載重量。

4 徠：即來。

5 業：指運糧之事。

譯文

下令運送糧食不能拿取僱車費用，更不准運糧車輛在返回時私運貨物。車輛、拉車的牛、車輛的載重量要和注冊登記的一致。這樣的話，運糧車就會往返迅速，不耽誤農業生產。不耽誤農業生產，那麼荒地就一定能能得到開墾了。

賞析與點評

運輸是農業生產鏈中重要的一環，政府管理得法，可有效加強農業的生產管理，提高效率。

無得為罪人請於吏而饟食之[1]，則姦民無主。姦民無主[2]，則為姦不勉[3]。為姦不勉，則姦民無樸[4]。姦民無樸，則農民不敗。農民不敗，則草必墾矣。

注釋

1 饟食（粵：享飼；普：xiǎng sì）：送食物給……吃。饟同「餉」。

2 無主：沒有憑藉。

3 勉：受到鼓勵。

4 樸：根、來源。

譯文

不准向官員請求給罪犯送食物讓他們好吃好喝，那麼罪犯就沒有了憑藉。罪犯沒有了憑藉，犯事就不獲鼓勵。犯事不獲鼓勵，那麼罪犯就沒有了來源。罪犯沒有了來源，那麼農民就不會受到傷害。農民不會受到傷害，那麼荒地就一定能得到開墾了。

賞析與點評

不可給予罪犯任何支持，也即不鼓勵犯罪，這樣農民就可以專心務農了。

農戰第三

本篇導讀——

「農戰」一名為合成詞，即農業和戰事。本篇討論商鞅國富兵強的核心思想，即農戰的國家策略：動員全國人民參與農戰，農業便會興旺，同時增加了國家兵力，寓兵於農；無事歸田，有事出征。要實現這個策略並非易事，在當時的秦國，任用官員不依法規，賞罰制度還未完善，遊說人士、商人、手工業者及農民在社會上的地位也不同，農民並未受到重視。例如，四類人士之中，遊說人士只靠辯論言說就可以晉身官宦，的確比參與農務、出兵作戰來得更容易。加上儒家思想的影響，要實現全民農戰並非易事。文章從多個方面說明農戰之必要，有破有立，論說立場鮮明。

凡人主之所以勸民者[1]，官爵也。國之所以興者，農戰也。今民求官爵，皆不以農戰，而以巧言虛道[2]，此謂勞民[3]。勞民者，其國必無力。無力者，其國必削。

注釋

1 勸：勸說、勉勵。

2 虛道：空泛、虛無飄渺的言論。

3 勞：令人怠惰。

譯文

通常君主可以用來勉勵人民的，是官職和爵位。令國家得以強盛的根本，卻是農業和戰事。現在人民求取官爵都不靠農業和戰事，而靠空泛的言論，這叫作令人民怠惰。人民怠惰，國家必然軟弱無力。軟弱無力，國家就會衰弱。

賞析與點評

要突出農戰的重要性，可將人民的個人利益與農戰拉上關係。原來求取官爵和農戰是可以劃上等號的，想要獲取官爵，參與農戰是首要途徑。

善為國者，其教民也，皆作壹而得官爵[1]，是故不官無爵。[2]國去言則民樸，民樸則不淫[3]。民見上利之從壹空出也[4]，則作壹。作壹則民不偷營[5]。民不偷營則多力，多力則國彊。今境內之民皆曰：「農戰可避，而官爵可得也。」是故豪傑皆可變業[6]，務學《詩》、《書》，隨從外權[7]，上可以得顯[8]，下可以求官爵；要靡事商賈[9]，為技藝，皆以避農戰。具備[10]，國之危也。民以此為教者，其國必削。

注釋

1 作壹：做事專一。指專心參與農戰。
2 是故不官無爵：意指如果做事不專一，則無官職也無爵位。
3 淫：放縱。
4 上利：君主賞賜的官爵。壹空：即一孔，一個途徑。空，通「孔」。
5 偷營：私下從事非農戰的事務。
6 可：肯。
7 隨從：追隨。外權：其他諸侯國的權勢。
8 顯：顯赫榮耀。

9 要靡：平庸之士。

10 具備：意謂以上的情況都出現。

譯文

擅於治理國家的人，他教導人民要專心從事農戰，否則就得不到官職和爵位。國家摒棄空談，人民就淳樸，人民淳樸就不會放縱。人民看見君主賞賜的官爵都是從一個途徑而來，便會專心從事農戰。人民專心從事農戰，就不會私下謀求非農戰的事務。人民不私下謀求非農戰的事務，力量就會增強。力量增強，國家就會強大。現在國境內的人民全部說：「農戰可以逃避，而官職和爵位同樣可以得到。」所以那些豪傑之士全都可以轉行，努力學習《詩》、《書》，追隨國外的權勢，上可以顯赫榮耀，下可以得到官爵；而平庸之士便去做商販，搞手工業，以此逃避農戰。出現以上情況，國家就危險了。人民視這些為教導，這個國家一定會衰弱。

善為國者，倉廩雖滿，不偷於農[1]；國大民眾，不淫於言，則民樸壹[2]。民樸壹，則官爵不可巧而取也。不可巧取，則姦不生。姦不生則主不惑。今境內之民及處官爵者，見朝廷之可以巧言辯說取官爵也，故官爵不可得而常也[3]。是故進則曲主[4]，退則慮所以實其私[5]，然則下賣權矣[6]。夫曲主慮私，非國利也，而為之者，以其爵祿也；下賣權，非忠臣也，而為之者，以末貨也[7]。然則下官之冀遷者皆曰[8]：「多貨，則上官可得而欲也。」曰：「我不以貨事上而求遷者，則如以狸餌鼠爾，必不冀矣。若以情事上而求遷者[9]，則如引諸絕繩而求乘枉木也[10]，愈不冀矣。二者不可以得遷，則我焉得無下動眾取貨以事上，而以求遷乎？」百姓曰：「我疾農，先實公倉，收餘以食親[11]。為上忘生而戰，以尊主安國也。倉虛，主卑，家貧，然則不如索官！」親戚交游合[12]，則更慮矣。豪傑務學《詩》、《書》，隨從外權；要靡事商賈，為技藝，皆以避農戰。民以此為教，則粟焉得無少，而兵焉得無弱也！

注釋

1 偷：躲懶。

2 樸壹：淳樸專一。

3 常：指國家的法規。

4 曲主：曲意逢迎君主。

5 實其私：滿足自己的私慾。
6 賣權：賣弄權勢，玩弄權術。
7 末：追逐。貨：貨利，財利。
8 冀：希望。遷：升遷。
9 情：實情。
10 乘：登，升。枉：彎曲。
11 食（粵：蝕；普：sì）：供養。
12 交游：聚在一起。合：達成一致。

譯文

擅於治理國家的人，糧倉雖充實，也不放鬆農耕；國家幅員廣大，人口眾多，不受言語惑亂，人民就淳樸和專一。人民淳樸和專一，官職和爵位就不可以靠虛假的伎倆取得。不能靠虛假的伎倆得到官爵，奸邪的人就不會出現。奸邪的人不出現，君主就不會受迷惑。現在國境內的人民以及獲得官爵的人，看到在朝廷中可以用花言巧語和詭辯來取得官爵，認為官爵不需要遵循國家的法規就可以得到。因此，這些人上朝便曲意逢迎君主，回家則想辦法來滿足私慾，這樣，他們就私下賣弄權術。曲意逢迎君主謀取自己的私利，國家沒有得益，這樣做只是為了得到爵位和厚祿；私下賣弄權術，並不是忠臣，這樣做只是為了追求貨財之利。這樣的話，希望升遷、調職的下級官員都說：「貨財多，就能得到想要的官位。」還說：「我不用貨財奉獻上級來求取升遷，那就像用貓做餌引誘老鼠一樣，一定不會有希望。如果用實情呈交上級來求取升遷，那麼就像牽着已經斷了的繩子登上彎木一樣，更加沒有希望。兩種辦法都不能得到升遷，那我怎能不到下面去勞動眾人、牟取貨財奉獻上級，來謀求升官呢？」百姓說：「我努力務農，先令國家的糧倉充實，收拾剩下的糧食供養親人。為上級犧牲生命作戰，來尊崇君主安定國家。糧倉空虛，君主卑微，家裏貧窮，這樣還不如弄個官做。」親戚朋友聚在一起談論，說要改變想法。豪傑之士努力學習《詩》、《書》，追隨國外的權勢；平庸之士做商販，從事手工業，全都為了逃避農戰。人民視這些為教化，那麼糧食怎能不減少，而軍隊實力怎能不被削弱呢？

賞析與點評

本小節是對上一小節的進一步說明：即便國家倉庫糧食充裕，也應繼續努力經營好農務，不應躲懶。現在朝中有謠言，認為只要用巧詐的方式就可以求取官爵，而不必靠實力。用逢迎和賄賂以求升官，最終糧食會減少，軍隊實力會被削弱，國家也將進一步衰弱。

善為國者，官法明，故不任知慮[1]；上作壹，故民不偷營，則國力摶[2]。國力摶者彊，國好言談者削。故曰：農戰之民千人，而有《詩》、《書》辯慧者一人焉[3]，千人者皆怠於農戰矣。農戰之民百人，而有技藝者一人焉，百人者皆怠於農戰矣。國待農戰而安，主待農戰而尊。夫民之不農戰也，上好言而官失常也。常官，則國治；壹務，則國富。國富而治，王之道也。故曰：王道非外，身作壹而已矣。

注釋

1 任：聽任。知：同「智」。慮：謀劃。

2 摶（粵：團；普：tuán）：聚集、集合之意。

3 焉：於此，在這裏。

譯文

擅於治理國家的人，任用官員的法規嚴明，所以不會聽任智慧與謀略之人的擺佈；君主做事專一，所以人民經營農務不躲懶，國家的力量就集中。國家的力量集中就會強盛，國家崇尚空談國力就衰弱。所以說：從事農耕和戰事的人有一千，其中學習《詩》、《書》好辯論的哪怕只有一個人，這一千人都會對農戰怠慢。從事農耕和戰事的人有一百，其中哪怕只有一個從事手工業的人，這一百人都會對農戰怠慢。國家依賴農戰而獲得安全，君主依靠農戰獲得尊崇。人民不參加農戰，那是因為君主喜歡空談而官員不按照法規辦事。依法選用官員，國家就會得到治理；專心務農，國家就會富強。國家富強而得到治理，是稱王天下的方法。所以說稱王天下的方法沒有別的，就是專心做事。

賞析與點評

提出「壹」的概念，就是統一制度，經營好農務和戰事。崇尚空談，影響農務和作戰，不按法規做事，國家就會日益衰弱；反之，國家就會強大起來。這裏反覆説明要依法規辦事，專心一意做好農戰的工作。

今上論材能知慧而任之，則知慧之人希主好惡[1]，使官制物以適主心[2]。是以官無常，國亂而不壹，辯說之人而無法也。如此，則民務焉得無多[3]？而地焉得無荒？《詩》、《書》、禮、樂、善、修、仁、廉、辯、慧，國有十者，上無使守戰[4]。國以十者治，敵至必削，不至必貧。國去此十者，敵不敢至。雖至必卻；興兵而伐必取；按兵不伐必富。國好力者以難攻[5]，以難攻者必興；好辯者以易攻[6]，以易攻者必危。故聖人明君者，非能盡其萬物也，知萬物之要也。故其治國也，察要而已矣。

注釋

1 希：通「睎」，觀察、窺伺。

2 制：處理，決斷。

3 務：事務，此指行業。

4 守戰：防守和進攻。

5 難：指由農戰所建立起來的國家實力，此實力非一朝一夕，故曰難。

6 易：指由好辯而來的空泛言論，此事容易做，故曰易。

譯文

現在君主根據才能和智慧來用人，聰明的人就會窺探君主的好惡做事，差遣官員處理事務也要迎合君主的心意。因此，任用官員不遵循法規，國家就會混亂而沒有統一的法令，愛辯論的人就更加無法無天了。像這樣，人民投身其他行業的怎會不多？而田地又怎會不荒蕪呢？《詩》、《書》、禮制、音樂、為善、修身、仁愛、廉潔、善辯、聰慧，國家有這十種東西，君主就無法讓民眾防守、作戰。用這十種東西來治理國家，敵人進侵國土，國家必定衰弱；沒有敵人進侵，國家也一定會貧窮。國家去掉這十種東西，敵人就不敢前來侵犯。即使來了，也一定會被趕走；出兵攻打別國，一定會取勝；按兵不動不去攻伐，一定會富強。國家重視實力，通過耕戰積累優勢叫作難攻，致力於「難攻」的國家，一定興盛；喜歡辯論的人總想投機取巧所謂易攻，謀求「易攻」，必定危險。所以聖人和明君，不能完全了解萬物，但是他們掌握了萬物的要領。因此他們治理國家，也體察事物的要領。

賞析與點評

這裏提出幾點：第一，重視才能；第二，輕視逢迎；第三，強調守法；第四，反對治國用儒家的經典和思想；第五，攻打別國如能摒棄空談，運用由農耕建立起的實力作戰，就會成功；反之，則會危險。

今為國者多無要。朝廷之言治也，紛紛焉務相易也[1]。是以其君惛於說[2]，其官亂於言，其民惰而不農。故其境內之民，皆化而好辯，樂學，事商賈，為技藝，避農戰。如此，則不遠矣。國有事，則學民惡法[3]，商民善化，技藝之民不用，故其國易破也。夫農者寡，而遊食者眾，故其國貧危。今夫螟、螣、蚼、蠋，春生秋死[4]，一出而民數年不食。今一人耕而百人食之，此其為螟、螣、蚼、蠋亦大矣。雖有《詩》、《書》，鄉一束[5]，家一員[6]，猶無益於治也，非所以反之之術也[7]。故先王反之於農戰。故曰：百人農，一人居者，王；十人農，一人居者，彊；半農半居者，危。故治國者欲民之農也[8]。國不農，則與諸侯爭權不能自持也[9]，則眾力不足也。故諸侯撓其弱[10]，乘其衰[11]，土地侵削而不振，則無及已。

注釋

1 紛紛焉：紛亂的樣子。務：一定。相易：改變對方的看法。

2 惛（粵：婚；普：hūn）：糊塗。

3 學民：指學習儒家經典的人。

4 螟、螣（粵：滕；普：téng）、蚼、蠋（粵：燭；普：zhú）：專吃農作物的小蟲。

5 鄉：古代居民單位，大約兩千家為一鄉。一束：一綑。

6 員：這裏指書卷數，作量詞用。

7 反：轉變，指改變現狀。

8 之：到，此謂從事。

9 自持：自保。

10 撓：侵擾。

11 乘：侵犯。

譯文

現在治理國家的人多抓不到要領。朝廷討論治國之道時，眾人議論紛紛想改變對方的立場。因此，君主被不同的說法弄得糊塗了，而官員給這些言談弄得頭腦混亂，人民懶惰不從事農耕。所以國境內的人民，都變得喜好辯論，喜歡學習，做商販，從事手工業，逃避農戰。如果這樣，國家離滅亡也不遠了。國家出現動盪，那些學習儒家經典的人討厭法制，商人善變，手工業者無用處，所以國家就容易被攻破。從事農耕的人少，而靠言論遊說吃飯的人數眾多，國家就貧困危殆了。那些危害農作物的螟、螣、蚼、蠋等害蟲，雖然春生秋死，但牠們一旦出現，人民就會多年沒有飯吃。現在一人耕作供應一百個人吃飯，這比螟、螣、蚼、蠋的危害更大。雖然有《詩》、《書》，每個鄉有一綑，每家有一卷，但是對治理國家一點用處也沒有，這不是改變現狀的策略。以前的君主轉而依靠農戰來突破困境。因此說：一百人從事耕作，一個人閒居，國君可稱王；十個人從事農耕，一個人閒居，國家強大；一半人從事農耕，一半人閒居，國家危險。所以治理國家的人，希望人民勞累下田。國家不重視農耕，與諸侯爭霸時就不能自保，因為民眾的力量不夠。因此，其他諸侯國就乘其衰弱來侵擾它，乘其衰弱來進犯它，土地就會被侵佔，國家從此一蹶不振，到那時就來不及想辦法了。

賞析與點評

指出現時國家的問題：空談太多，沒完沒了；人們的很多活動都無益於國家富強：學習儒家思想、經商、從事手工業、逃避農戰。此節從反面說明了法制的重要性。

聖人知治國之要，故令民歸心於農。歸心於農，則民樸而可正也，純純則易使也[1]，信可以守戰也。壹則少詐而重居[2]；壹則可以賞罰進也；壹則可以外用也。夫民之親上死制也[3]，以其旦暮從事於農。夫民之不可用也，見言談游士事君之可以尊身也、商賈之可以富家也、技藝之足以餬口也。民見此三者之便且利也[4]，則必避農。避農則民輕其居，輕其居則必不為上守戰也。凡治國者，患民之散而不可摶也。是以聖人作壹摶之也。國作壹一歲者，十歲彊；作壹十歲者，百歲彊；作壹百歲者，千歲彊；千歲彊者王。君脩賞罰以輔壹教，是以其教有所常，而政有成也。

注釋

1 純純：誠懇的樣子。

2 重（粵：誦；普：zhòng）居：安心於故居舊地。

3 死制：不顧生死遵從。

4 便且利：即便利，指付出少而容易辦到。

譯文

聖人懂得治國的要領，因此讓人民安心務農。安心務農，人民就淳樸便於管治，誠懇就容易役使，一定可以用來守城作戰。民眾專心農戰，奸詐之事就會減少，而且人們也會安居於舊地，難以遷徙；民眾專心農戰，就能用賞罰鼓勵上進；民眾專心農戰，就可以對外作戰。人民親附君主，不顧生死遵從，是因為他們從早到晚從事農耕。人民不可用，是因為他們看到，空談遊説的人逢迎君主而得到尊貴的地位，商人也可以致富，手工業者也可以養家糊口。人民看到這三種人付出少又可以賺錢，就一定會逃避農耕。逃避農耕，人民就不會在乎自己住在甚麼地方。不在乎自己住在甚麼地方，就一定不會替君主守土作戰。凡是治國的人，都擔心民心渙散不能凝聚。所以聖人實行農戰政策，以凝聚民心。國家專心農戰一年，就能強大十年；國家專心農戰十年，就能強大一百年；國家專心農戰一百年，就能強大一千年；強大一千年，（君主）就可以稱王。君主制定賞罰用以輔助農戰，所以教化從常法而來，治國也會有成就。

賞析與點評

治國的要領是甚麼？就是要把人民團結起來，讓他們安心於農戰，他們若能安心於農戰，就可以一心一意幫助國家守土作戰。這樣的話，國運就可以一直興盛下去。

王者得治民之至要，故不待賞賜而民親上，不待爵祿而民從事，不待刑罰而民致死。國危主憂，說者成伍，無益於安危也。夫國危主憂也者，彊敵、大國也。人君不能服彊敵，破大國也，則修守備，便地形[1]，摶民力，以待外事[2]，然後患可以去，而王可致也。是以明君修政作壹，去無用，止浮學事淫之民，壹之農，然後國家可富，而民力可摶也。

注釋

1 便地形：指佔領有利地形。便，有利。

2 外事：別國之侵入。

譯文

王者掌握了治理人民的要領，所以不等待賞賜，人民就親附君主；不等待君主晉爵加祿，人民便從事農戰；不等待君主使用刑罰，人民就拚死效命。當國家危急、君主擔憂時，空談之士成行成列，卻對國家的安危沒有任何幫助。國家危急、君主擔憂，是因為遇上了強敵、大國。君主不能戰勝強敵、攻破大國，就要加強防禦，佔據有利地形，集中人民的力量來應付外敵的入侵，威脅就可以消除，稱王天下的目的也可達到。所以英明的君主以統一管理整治國家，去掉無用的東西，禁止人民學習虛浮無用的學問或從事遊說等職業，令他們專心一意從事農耕，國家就能富強，人民的力量也可以凝聚了。

賞析與點評

治國的最高境界就是實行人民自治，雖然賞罰很重要，但人民不必等待君主的賞賜和刑罰，自己就能安心於農戰，為國出死力。就算大國來襲，只要人民能防守抵抗到底，君主也可稱王。

今世主皆憂其國之危而兵之弱也，而彊聽說者[1]。說者成伍，煩言飾辭而無實用[2]。主好其辯[3]，不求其實。說者得意，道路曲辯，輩輩成羣[4]。民見其可以取王公大人也，而皆學之。夫人聚黨與，說議於國，紛紛焉。小民樂之，大人說之[5]。故其民農者寡，而游食者眾。眾則農者殆；農者殆則土地荒。學者成俗[6]，則民舍農，從事於談說，高言偽議。舍農游食，而以言相高也，故民離上而不臣者成羣。此貧國、弱兵之教也。夫國庸民以言[7]，則民不畜於農[8]。故惟明君知好言之不可以彊兵闢土也，惟聖人之治國，作壹、摶之於農而已矣。

注釋

1 彊：硬要。
2 煩：煩瑣。飾：漂亮。
3 辯：言辭華美。
4 輩輩：一批一批，一伙一伙。
5 說：通「悅」。
6 成俗：形成風氣。
7 庸：任用。

8 畜：喜好。

譯文

現在各國君主都擔心國家危難而兵力薄弱，卻還要去聽遊說之士的空談。遊說之士成行成列，說話煩瑣，言詞漂亮，卻並不實用。君主愛聽他們辯論，而不去探求事實真相。遊說之士很得意，到處巧言詭辯，一幫又一幫成羣結隊。人民看到這樣能取悅王公大臣，便都向他們學習。於是人們結成黨羽，高談闊論，議論紛紛。不但普通百姓喜歡這樣做，王公大臣也喜歡。因此務農的人少，而靠遊說混飯吃的人多。遊說的人多，就沒有人從事農耕；沒有務農的人，田地就會荒蕪。學習遊說成為風氣，人民就會放棄農耕而以遊說為業，高談闊論。人民放棄農耕，靠遊說吃飯，彼此用言語爭高下，所以人民遠離君主，而不臣服的人成羣結隊。這是令國家貧窮、兵力薄弱的政教。如果國家只靠空談聘用人民，人民就不會喜愛農耕。因此只有英明的君主知道喜歡空談不能用來強國闢壤，只有聖人治理國家會統一於農戰，讓人民專心於農戰罷了。

賞析與點評

反覆說明遊説與農戰是相互對立的。從事遊説令國家貧弱，參與農戰則令國家強大。前者分散眾人的力量，後者凝聚眾人的力量。英明的君主會選後者，而摒棄前者。農戰重視力量，辯論着眼於口舌之爭，兩者取向不同。

去彊第四

本篇導讀——

「去彊」，指清除不服管治的人民。「去彊」這個名稱很有戰略意味，篇中提出很多治國的策略、方法和標準，用以提升國家地位，成就王者。國家要怎樣做才能制勝呢？要用「貧治」策略管理富裕的國家；領袖要多變但國家要少變；戰車與牲畜的比例有特定意義；要否定人治的因素，法治是國家的根本；嚴刑輕賞的管治方式對國家有利；農耕與保護主義的貿易策略對國家的發展有重大意義；強國有十三種項目指標；上戰場的與不上戰場的都可以得到賞賜。這些治國的方式和策略讓人大開眼界。

以彊去彊者[1]，弱；以弱去彊者[2]，彊。國為善[3]，姦必多。國富而貧治[4]，曰重富[5]，重富者彊。國貧而富治[6]，曰重貧，重貧者弱。兵行敵所不敢行，[7]彊。事興敵所羞為，[8]利。主貴多變，國貴少變。國少物[9]，削；國多物，彊。千乘之國守千物者削[10]。戰事兵用而國彊[11]，戰亂兵息而國削。

注釋

1 彊：第一個「彊」，指強民政策，即後文所説的儒家教化。後一個「彊」指強民，即不服管治的人民。

2 弱：指弱民政策，即重賞罰。

3 善：指仁政。

4 貧治：以貧窮的方式來管治，可使人民節制有度，增加財富的累積。

5 重（粵：蟲；普：chóng）：加倍，雙重。

6 富治：以富裕的方式來管治，會令人民收支失據，增加開支。

7 兵行敵所不敢行：指士兵有勇氣，能到敵人所不敢到之處。

8 事興敵所羞為：指士兵忘記道德抉擇，能做敵人羞怯不幹的事。

9 物：物資。

10 千乘之國守千物：指擁有千輛兵車的國家，只守有千物。

11 事：治理。兵用：士兵常常被徵召。

譯文

以強民的政策（例如儒家教化）清除不服從法令的人民，國家實力會被削弱；以弱民的手段（例如賞罰）來清除不服從法令的人民，國家實力會增強。國家行仁政，奸邪的人一定會多。國家富裕而用貧窮的方式治理，叫雙重富裕，雙重富裕的國家一定強大。國家貧窮而用富裕的方式管治，叫雙重貧窮，雙重貧窮的國家一定衰弱。士兵敢到敵人不敢到的地方就強大；做敵人羞怯不幹的事就有利。君主要重視多變，國家重視少變。國家少物資，就衰弱；國家多物資，就強大。擁有千輛兵車卻只守住千物（平均一輛兵車只守一物），國家就會衰弱。經營戰事（指揮有方），士兵常常被徵召，國家就會強大；作戰混亂，士兵停戰太久，國家就衰弱。

賞析與點評

這裏討論國家強弱的指標。第一，以何種策略「去彊」，可以看出國家實力的強弱；第二，治理國家要用合適的方法，對症下藥；第三，用兵的策略可以顯示國家的實力；第四，作為領袖要多變，但國家要少變；第五，由國家物資的多少及其與兵車的比例，可以看出國家的強弱；由戰場上士兵的調度可以看出國家的強弱。這些觀點觸及國家管治的制勝之道。

農、商、官三者，國之常官也[1]。三官者，生蝨官者六[2]：曰歲、曰食、曰美、曰好、曰志、曰行[3]。六者有樸[4]，必削。三官之樸三人[5]，六官之樸一人[6]。以治法者，彊；以治政者[7]，削。常官治者遷官。治大，國小；治小，國大[8]。彊之，重削；弱之，重彊。夫以彊攻彊者亡，以弱攻彊者王。國彊而不戰，毒輸於內[9]，禮樂蝨官生，必削；國遂戰，毒輸於敵，國無禮樂蝨官，必彊。舉勞任功曰彊[10]，蝨官生必削。農少、商多，貴人貧、商貧、農貧，三官貧，必削。

注釋

1 常官：從事某種常設職業的人。

2 蝨官：像蝨子一樣為害的職業。

3 歲、食、美、好、志、行：歲指豐年，歲的害處指遇上豐年農民就會躲懶。食指食物，食的害處指農民會浪費食物。美指華貴的東西，美的害處指商人販賣華貴的東西。好是玩好，好的害處指商人販賣玩樂的物品。志指想法，志的害處指官吏營私舞弊的想法。行指行為，行的害處指官吏貪贓枉法的行為。

4 樸：本源，來源。

5 三人：指農民、商人及官吏。

6 一人：這裏指君主。君主是造成六種職業蝨害的主因。

7 政：政教，特別指儒家的教化。

8 治大、治小：治理事務從疏闊或從精微着眼。國小、國大：指國家大小、強弱。

9 毒：指蝨害。輸：灌輸，產生。

10 舉：推選。

譯文

務農、經商、任官，是三種國家常見的職業。這三種職業產生了六種職業蝨害：「歲」害、「食」害、「美」害、「好」害、「志」害、「行」害，這六種職業蝨害生了根，國家一定會衰弱。務農、經商、任官這三種職業的本源來自從事它們的三種人，六種蝨害的本源來自君主一人。用法制來治國，國家就強；靠政教來治國，國家就弱。常任官員而他能把政事處理得很好，就提升他。從疏闊着眼治理，國家就弱小；從精微着眼治理，國家就強大。使人民強大不守法，國家就會越來越削弱；使人民弱小遵守法紀，國家就會越來越強大。採用使民眾變得強大的政策來整治不守法的百姓，國家就要亡國；採用使民眾變得軟弱的政策來整治不守法的百姓，國家就能成就王業。國家強大而不參與戰爭，毒害會產生於國家之內，禮樂等危害出現，國家必定衰弱；國家參與戰爭，毒害會轉嫁到敵人身上，國內沒有禮樂等蝨害，國家必定強大。抬舉有才能的人，任用有功績的人，國家就會強大。出現職業蝨害，國家必定衰弱。農民少商人多，因而貴族貧窮，商人貧窮，農民貧窮，這三種人都貧窮了，國家必定衰弱。

賞析與點評

從三種職業引申出來的人性墮落説起，強調要以法治國，否定儒家禮樂。國家要強大，就要任用賢能之人，除「蝨害」，參與戰爭，增加農民的數量。

國有禮、有樂、有《詩》、有《書》、有善、有修、有孝、有弟、有廉、有辯[1]。國有十者，上無使戰，必削至亡；國無十者，上有使戰，必興至王。國以善民治姦民者，必亂至削；國以姦民治善民者，必治至彊。國用《詩》、《書》、禮、樂、孝、弟、善、修治者，敵至，必削國；不至，必貧。國不用八者治，敵不敢至，雖至必卻。興兵而伐，必取，取必能有之；按兵而不攻，必富。國好力，曰以難攻[2]；國好言，曰以易攻[3]。國以難攻者，起一得十；國以易攻者，出十亡百。

注釋

1 修：賢德。弟：同「悌」，敬愛兄長。辯：辯論。

2 難攻：指運用農戰的策略攻打別國。

3 易攻：指依靠儒家思想的論辯策略。

譯文

國家有禮、樂、《詩》、《書》、善良、賢德、孝敬父母、尊敬兄長、廉潔、善辯。國家有這十種東西，君主就算不用人民作戰，國家也必定衰弱以致滅亡；國家如果沒有這十種東西，君主使人民作戰，國家必定興盛以至稱王天下。國家依賴良善的人來管治奸邪的人，就一定會發生動亂直至衰弱；國家用奸邪的人管治善良的人，就一定能治理好以至強大。國家採用《詩》、《書》、禮、樂、孝敬父母、尊敬兄長、善良、賢德等儒家思想來治理，敵人到來，會令國家衰弱；敵人不來，國家也必定會窮困。國家不用這八種儒家思想治理，敵人不敢入侵，即使來了也會退卻。如果出兵討伐別國，一定可以奪取土地，奪取之後還能夠擁有它；如果按兵不動不去攻打，一定會富足。國家重視農戰實力，（過程艱難）叫作「難攻」。國家喜歡論辯，（做起來容易）叫「易攻」。國家通過「難攻」積累實力來攻打別國，用一分的力量可以得到十倍的收穫；國家企圖以「易攻」的方式攻打別國，出十分的力會喪失百倍的利益。

賞析與點評

進一步否定儒家思想，認為仁義道德、詩書禮樂令國家衰弱，甚至步向滅亡。如此捨易取難，商鞅所走的改革道路並不平坦。

重罰輕賞，則上愛民，民死上；重賞輕罰，則上不愛民，民不死上。興國行罰，民利且畏[1]；行賞，民利且愛。國無力而行知巧者[2]，必亡。怯民使以刑，必勇；勇民使以賞，則死。怯民勇，勇民死，國無敵者，彊。彊，必王。貧者使以刑，則富；富者使以賞，則貧。治國能令貧者富，富者貧，則國多力，多力者王。王者刑九賞一，彊國刑七賞三，削國刑五賞五。

注釋

1 利：受益。
2 知巧：智謀巧詐。

譯文

刑罰加重，賞賜減輕，君主愛護人民，人民就會為君主拚死效力；賞賜加重，刑罰減輕，君主不愛護人民，人民便不會為君主拚命效力。振興國家實行刑罰，人民受益並畏懼；實行賞賜，人民受益又喜愛。國家沒有實力而看重智慧巧詐，必定國亡。用刑罰令膽小的人作戰，他們必定有勇氣；用賞賜激勵勇敢的人，他們就會拚死效力。膽小的人勇敢，勇敢的人不怕死，國家就所向無敵，就強大。

國家強大，必定能稱王。利用刑罰，讓他們參與農戰，窮人就會變富裕；施加獎賞，若不參加農戰，富人就會變貧窮。治理國家（，通過賞罰鼓勵耕戰，）能令貧窮的變富裕，富裕的變貧窮，國家力量就大，國家力量大君主就可稱王。王者用刑罰佔九分，賞賜佔一分；強國用刑罰佔七分，賞賜佔三分；衰弱的國家刑罰佔五分，賞賜也佔五分。

賞析與點評

刑罰與賞賜是《商君書》中重要的概念。主張重刑是要讓人民有勇氣，其間的關係在這裏並沒有展開論述，而賞賜可令國家滅亡，也欠解釋。後面所說由貧變富、由富變貧，也一樣沒有解釋。如果扣緊農戰的概念，可理解為，國家立法要求人民參與農戰，人民下田工作，參與戰事，則勇氣一定會有所增強。由貧變富的最大原因是在農戰中有好的表現，則可以加官晉爵；反之，只會由富變貧。

國作壹一歲[1]，十歲彊；作壹十歲，百歲彊；作壹百歲，千歲彊；千歲彊者，

王。威，以一取十，以聲取實，故能為威者王。能生不能殺[2]，曰自攻之國，必削；能生能殺，曰攻敵之國，必彊。故攻害、攻力、攻敵[3]，國用其二舍其一，必彊；令用三者，威，必王。

注釋

1 作壹：即專一於農戰。
2 生：培養實力。殺：消耗實力。
3 攻害：攻擊上文提及的職業所帶來的蝨害。攻力：攻擊他國的力量，特別指由農耕而來的戰鬥力。攻敵：攻擊敵國。

譯文

國家專心農戰一年，就能強大十年；國家專心農戰十年，就能強大一百年；國家專心農戰一百年，就能強大一千年；強大一千年，君主便可以稱王。有威勢，就能以一取十，以聲勢取得實效，所以能夠有威勢的國家就可以稱王天下。能培養實力卻不能使用實力的國家，叫作自己攻打自己的國家，必定衰弱；能培養實力也能使用實力的國家，叫作攻打敵國的國家，必定強大。所以消滅蝨害、有戰鬥力、攻擊敵國，國家使用其中兩項，只捨棄一項，必定強大；能用三項，必定稱王。

賞析與點評

這裏引述〈農戰〉的文字，然後加以進一步的解說，提出威勢、殺、攻害、攻力及攻敵的概念，綜合來看，這些都是戰場上兩國交鋒的用語。總之，全國上上下下專一於農戰，國家就能強大。另外，本篇提出，若國家只「農」不「戰」，矛盾就會積攢於內部，自行消耗實力，須得農與戰結合。

十里斷者國弱[1]；五里斷者國彊。以日治者王，以夜治者彊，以宿治者削。

注釋

1 里：古代二十五家為一里。古代居家的行政單位，五家為一鄰，五鄰為一里。斷：決斷。

譯文

在十個里之內才能做出決斷，國家就弱；在五個里之內能做出決斷的，國家就強大。當天便能解決政務的國家就能稱王天下，當晚能解決政務的國家就強大，要第二天才能解決政務的國家就衰弱。

賞析與點評

哪些國家最優秀？哪些國家強？哪些國家弱？辦事效率是明確的標準。

舉民眾口數，生者著[1]，死者削[2]。民不逃粟[3]，野無荒草，則國富，國富者彊。

注釋

1 著：著錄於戶籍之上。

2 削：刪去。

3 逃粟：逃避賦稅。

譯文

統計所有民眾的人數，在世的記錄在戶籍本上，死去的就從戶籍本上刪去。人民不能逃避賦稅，田野上沒有荒草，國家就能富裕，國家富裕也就強大了。

賞析與點評

做好戶籍登記，以防逃稅，可見在此之前逃稅是個重大的社會問題。逃稅與農耕大有關係，人力的多少，直接影響農戰的力量。

以刑去刑[1]，國治；以刑致刑[2]，國亂。故曰：行刑重輕[3]，刑去事成，國彊；重重而輕輕[4]，刑至事生，國削。刑生力，力生彊，彊生威，威生惠。惠生於力。舉力以成勇戰，戰以成知謀。

注釋

1 以刑去刑：指用嚴刑令民眾不敢犯法，就是以刑罰杜絕了犯法。

2 **以刑致刑**：指用輕刑而令民眾不怕犯罪，就是以刑罰導致了犯法。

3 **重輕**：輕罪重罰。

4 **重重**：重罪重罰。**輕輕**：輕罪輕罰。

譯文

用嚴刑杜絕犯法，國家就能治理；刑罰太輕易招致犯法，國家就會混亂。所以說：用重刑治輕罪，刑罰就是不用，事情也能完成，國家就強大；重罪重罰而輕罪輕罰，即使用了刑罰，犯法的事情仍然發生，國家就衰弱。刑罰生出力量，力量產生強大，強大產生威勢，威勢產生仁惠。仁惠從力量中產生，所有力量能用來成就勇敢作戰，作戰才能產生出智慧和計謀。

賞析與點評

解說「以刑去刑」所引申的意思。嚴刑能生出力量，力量生出強大，強大生出威勢，威勢生出仁惠，仁惠生於力量，力量又可成就勇戰，勇戰就會知道智謀。環環相扣，一切都從嚴刑開始。

粟生而金死[1]，金死而粟生。本物賤[2]，事者眾，買者少，農困而姦勸[3]，其兵弱，國必削至亡。金一兩生於竟內[4]，粟十二石死於竟外[5]；粟十二石生於竟內，金一兩死於竟外。國好生金於竟內，則金粟兩死，倉府兩虛[6]，國弱；國好生粟於竟內，則金粟兩生，倉府兩實，國彊。

注釋

1 粟生而金死：粟，即米粟，糧食；金，即錢財，後文的「金一兩」的「金」則指黃金。生，出現、生長。下一句的「生」可以理解為「賺取」。死，消失、失去作用。

2 本物：指米粟。

3 勸：受到鼓勵。

4 竟：通「境」。

5 石：古代計量單位，一石十斗。

6 倉：糧倉。府：庫。

譯文

米粟「生」而金錢「死」，金錢「死」而米粟「生」。米粟價格便宜，從事農耕的人多，買米粟的人就少，農民就會貧困，奸詐的商人就得到鼓勵。如果這樣，國家兵力就會削弱，國家一定會衰弱，直至滅亡。國內賺取一兩黃金，就會有十二石的米粟在國外被賣掉；國內購入十二石米粟，就有一兩黃金在國外被花掉。如果國人喜歡在境內賺取金錢，那麼金錢和米粟都會損失掉，糧倉和金庫都會空虛，國家就弱；國人喜歡在境內積蓄米粟，那麼米粟和金錢都能獲得，糧倉、金庫都會充實，國家就強大。

賞析與點評

從貿易的角度出發，把十二石米粟運到國境外，賺取一兩黃金，則國內就會減少十二石米粟，這十二石米粟就等同死了。如果國內的十二石米粟不運輸出去賣掉，則只是國境外的一兩黃金沒有賺到罷了。如果商人們都喜歡到境外貿易，則國內的糧倉和金庫都會空虛，因為糧食運到了國外，而貨幣沒有統一，所賺的錢財未必可以用於國內。只有在國境內囤積米粟，在國內進行貿易，糧倉和金庫都可以充實，國家才會富強。

彊國知十三數：竟內倉口之數，壯男壯女之數，老弱之數，官士之數[1]，以言說取食者之數，利民之數[2]，馬、牛、芻藁之數[3]。欲彊國，不知國十三數，地雖利，民雖眾，國愈弱至削。

注釋

1 官：官吏。士：知識分子。

2 利民：農民。

3 芻藁：指柴草。芻，打草。藁，植物的莖桿。

譯文

強大的國家知道十三種事物的數目：境內糧倉、人口的數目，壯年男子、女子的數目，老人、小孩的數目，官吏、士人的數目，靠遊說吃飯的人的數目，農民的數目，馬、牛、柴草的數目。想要使國家強大，不知道國家這十三種事物的數目，地理即使優越，人口雖然眾多，國家也難免會越來越衰弱。

賞析與點評

這十三種強國的項目，包括了糧食儲備、人口、階層、牲畜、物資等，是國家規劃的重要因素。不過，項目只列出了十三個，顯然簡單了點。

國無怨民曰彊國。興兵而伐，則武爵武任[1]，必勝。按兵而農，粟爵粟任[2]，則國富。兵起而勝敵、按兵而國富者王。

注釋

1 武爵武任：按戰功多少，賞賜官爵。

2 粟爵粟任：按提供的糧食和布帛多少，賞賜官爵。

譯文

國家沒有人民埋怨就叫強國。如果發兵攻打別國，按戰功的多少授予他們官職和爵位，就一定能取勝。如果囤兵從事農耕，按生產繳納糧食和布帛的多少授予官職和爵位，國家就富裕。出兵而能戰勝敵人、囤兵而國家富足，可稱王天下。

賞析與點評

這裏提出兩種用兵和賞賜的策略：出兵與囤兵。出兵有功，可賜官爵；囤兵有功，也可賜官爵。這樣對外對內，根據不同的崗位行賞；人民只要參與農戰，就有機會獲得犒賞。

說民第五

本篇導讀——

說民，即論民，以人民為討論課題。如何駕馭人民，令人民得以管治？本篇以此為核心進行了討論。首先，消除八種令人民難於管治的特點：辯論、聰慧、禮儀、音樂、仁愛、孝慈、任用和舉薦。然後，依據人民勇敢與否，運用不同的策略，管治人民。那麼，國家如何能夠長治久安呢？答案是令富裕的人變貧窮，令貧窮的人變富裕。在這個變化之中，駕馭人民，這也需要運用政治策略。駕馭民眾，一方面要用刑罰，一方面要用賞賜，其中，賞賜要僅僅出於農戰這一個渠道，這樣，才能有效引導人民從事農戰。關鍵在於要得民心，以人民為中心，讓家庭參與管理，達致治國的目的。把重點放在人民自治上，由人民自己管理自己，成為最高的管治原則。

辯慧，亂之贊也[1]；禮樂，淫佚之徵也[2]；慈仁，過之母也；任舉，姦之鼠也[3]。亂有贊則行，淫佚有徵則用，過有母則生，姦有鼠則不止。八者有羣，民勝其政。國無八者，政勝其民。民勝其政，國弱；政勝其民，兵彊。故國有八者，上無以使守戰，必削至亡。國無八者，上有以使守戰，必興至王。

注釋

1 贊：輔助，這裏指幫兇。

2 徵：徵召，招引。

3 鼠：處，居處。指藏身之處。

譯文

辯論和聰慧，是造成違法亂紀的幫兇；禮儀與音樂，是放蕩淫佚的引子；仁愛與孝慈，是過失的來源；任用和舉薦，是奸邪的藏身之所。違法亂紀有了幫兇才會流行，放蕩淫佚有了引導才能興起，過失有了來源才能產生，奸邪有了藏身之地就不能制止。這八種東西結成羣，民眾的力量就會勝過政令。國家沒有這八種東西，政令就會勝過民眾。民眾的力量勝過政令，國家就會被削弱；政令能勝過民眾，兵力就強大。所以國家如有這八種東西，君主就無法令人民防守及戰鬥，國家必定衰弱直至滅亡。國家沒有這八種東西，君主就可以令人民防守及戰鬥，國家必定興盛直至稱王天下。

賞析與點評

八種令人民難於被駕馭的東西，其中四種是儒家的禮與樂、慈與仁。這些道德教化，商鞅覺得是造成混亂的根源。另外，辯說、聰慧、任用和舉薦，同樣制造了禍端。而這八種東西，也令農戰難於實行。

用善[1]，則民親其親；任姦[2]，則民親其制。合而復者[3]，善也；別而規者[4]，姦也。章善則過匿[5]，任姦則罪誅。過匿，則民勝法[6]；罪誅，則法勝民。民勝法，國亂；法勝民，兵彊。故曰：以良民治，必亂至削；以姦民治，必治至彊。

注釋

1 用善：指用善良的方式來進行管治，即儒家的仁、義、禮、智。

2 任姦：與「用善」相反，指用法制規範行為。

3 合：合力。復：通「覆」，掩蓋。

4 規：通「窺」，窺伺，監察。

5 章：彰顯。

6 勝：超越，勝過，駕馭。

譯文

用善良的方式管治，人民就愛他們的親人；用奸險的方式治理，人民就遵守國家的法制。民眾合力互相隱瞞過失，是良善；民眾疏遠且互相監督，是奸險。彰顯良善，過失就被隱藏了；使用奸險的方式，犯罪即會受到嚴懲。隱藏過失，人民便越過法規；犯罪就遭到嚴懲，法規便能駕馭人民。人民越過法規，國家就亂；法規能駕馭人民，國家兵力就強。所以說，以善良的方式治理人民，國家必定混亂直到衰弱；以奸險的方式治理人民，國家必定得到治理直到強盛。

賞析與點評

究竟該用怎樣的方式治理人民呢？用良善的方式還是用奸險的方式？良善的方式是儒家的治國方案，奸險的方式是法家的管治方法。前者引發人的善性，後者卻規範人的惡性。

國以難攻[1]，起一取十；國以易攻[2]，出十亡百。國好力，曰以難攻；國好言，曰以易攻。民易為言，難為用。國法作民之所難[3]，兵用民之所易，而以力攻者，起一得十；國法作民之所易，兵用民之所難，而以言攻者，出十亡百。

注釋

1 難攻：用困難途徑攻打他國，指通過農戰令國家實力增強，此路較難。

2 易攻：用容易方式攻打他國，指通過辯論言說等手段，此路較易。

3 作：鼓勵。

譯文

國家採取獎勵耕戰集聚實力的所謂「難攻」策略攻打別國，用一分力量可得到十倍的收穫；國家採取倡導遊説辯論的「易攻」策略攻打別國，用十分的力量會損失百倍。國家重視實力，叫作以難攻；國家喜好辯論言説，叫作以易攻。人民用言説容易，卻難起作用。國家立法鼓勵人民做難辦的事，到了用兵時，人民就會覺得戰事容易，一旦用實力攻伐，用一分的力量可得到十倍的收穫；國家立法鼓勵人民做易辦的事，到了用兵時，人民就會覺得戰事困難，一旦用辯論言説去攻伐，付出十分的力量會損失百倍。

賞析與點評

從立法的角度談管治人民，不能只順應人民的喜好，而要以國家的實際形勢來衡量。如果局勢緊張，必須以戰鬥為主，空談便無補於事，所以國家立法，必須從難處做起，要求人民參與農戰。

罰重，爵尊[1]；賞輕，刑威[2]。爵尊，上愛民；刑威，民死上。故興國行罰，則民利；用賞，則上重。法詳，則刑繁；刑繁，則刑省。民不治則亂，亂而治之又亂。故治之於其治，則治；治之於其亂，則亂。民之情也治[3]，其事也亂。故行刑，重其輕者，輕者不生，則重者無從至矣，此謂治之於其治者。行刑，重其重者，輕其輕者，輕者不止，則重者無從止矣，此謂治之於其亂也。故重輕，則刑去事成，國彊；重重而輕輕，則刑至而事生，國削。

注釋

1 爵：爵位。

2 威：威勢。

3 情：指人之常情。

譯文

刑罰重，爵位就尊貴；賞賜輕，刑罰才顯得威嚴。爵位尊貴，君主以此愛惜人民；刑罰有威嚴，人民就會拚命為君主效力。所以興盛的國家使用刑罰，人民受益；施行賞賜，君主就受到尊重。法令周詳，刑罰就繁多；刑罰繁多，受罰的人反而減少。不治理人民，國家就生亂，生亂了才去治理就更亂。所以在社會安定時治理，國家才能治理好；在社會混亂時去治理，只會更亂。希望國家安定是人之常情，但他們做的事情卻往往令國家生亂。所以執行刑罰時，對輕罪處以重刑，輕微的罪行就不會發生，嚴重的罪行也就無由出現。這就叫在國家安定時去治理。執行刑罰，對犯重罪的重罰，對犯輕罪的輕罰，輕微的犯罪就不能杜絕，嚴重的犯罪就更無由制止了，這就叫在國家生亂時去治理。所以輕罪重罰，刑罰不用而亂事也能弄妥，且國家強大；重罪重罰而輕罪輕罰，即便使用刑罰亂事也會發生，國家就會被削弱。

民勇，則賞之以其所欲；民怯，則殺之以其所惡[1]。故怯民使之以刑，則勇；勇民使之以賞，則死。怯民勇，勇民死，國無敵者，必王。

注釋

1 殺：消除、去除。

譯文

人民勇敢，就賞賜他們所希望得到的東西；人民畏懼，就用他們所憎惡的東西來消除他們的膽怯。因此，對畏懼的人使用刑罰，他們就會變得勇敢；對勇敢的人使用獎賞，他們就會拚命效力。畏懼的人變得勇敢，勇敢的人拚命效力，國家就所向無敵，國君一定能稱王。

賞析與點評

依據人民勇敢與否，運用不同的策略來管治，使膽怯的變得勇敢，則全國上下都勇敢，國君就可以稱王了。

民貧，則國弱；富，則淫。淫則有蝨，有蝨則弱。故貧者益之以刑[1]，則富；富者損之以賞[2]，則貧。治國之舉，貴令貧者富，富者貧。貧者富，國彊；富者貧，三官無蝨[3]。國久彊而無蝨者，必王。

注釋

1 益之以刑：指通過刑法，要求貧窮的人參與農戰，最後論功行賞。

2 損之以賞：指以賞賜官爵誘使富裕的人捐獻財物，來減少財產。

3 三官：指農民、商販、官吏三種職業。蝨：指蝨害，對國家的危害。

譯文

人民貧窮，國家就弱；人民富裕，就會放縱自己。人民放縱就會產生蝨害，有蝨害國家就會被削弱。所以要用刑罰令窮人參加農戰增加收入，讓他們變富裕；用賞賜誘使富人捐獻財物減少財產，讓他們變貧窮。治國的措施，重要的是，令貧窮的人富裕，令富裕的人貧窮。窮人變富，國家就強大；富人變窮，農民、官吏、商人這三種職業就不會產生蝨害。國家能長期保持強大又沒有蝨害，君主一定能稱王。

賞析與點評

國家能夠長治久安的秘訣是甚麼？答案是：令富裕的人變貧窮，令貧窮的人變富裕。這如何能做到呢？其實，這個答案是從農戰的角度來說的。意思是：富裕的人會安於現狀，不願意參加艱苦的農耕和作戰，國家就只有用賞賜官爵誘使他們捐獻財物，最終令他們貧窮。貧窮的人如何致富？這就得靠農戰。能參與農戰，有機會得到賞賜，自然就可以富裕起來。

刑生力，力生彊，彊生威，威生德[1]，德生於刑。故刑多，則賞重；賞少，則刑重。民之有欲有惡也，欲有六淫[2]，惡有四難[3]。從六淫[4]，國弱；行四難，兵彊。故王者刑於九而賞出一[5]。刑於九，則六淫止；賞出一，則四難行。六淫止，則國無姦；四難行，則兵無敵。民之所欲萬，而利之所出一。民非一，則無以致欲，故作一。作一，則力摶；力摶，則彊。彊而用，重彊。故能生力能殺力，曰攻敵之國，必彊。塞私道以窮其志[6]，啟一門以致其欲。使民必先行其所惡，然後致其所欲，故力多。力多而不用，則志窮；志窮，則有私；有私，則有弱。故能生力，不能殺力，曰自攻之國，必削。故曰：王者，國不蓄力，家不積粟。國不蓄力，下用也；家不積粟，上藏也。

注釋

1 德：恩惠。

2 六淫：六種蝨害，與〈去彊〉中所說的一樣。

3 四難：即務農、力戰、出錢、告奸四種人們厭惡的事。

4 從：通「縱」，放任。

5 九：十分之九，形容比例之高。一：惟一，即農戰。

6 窮：困乏。志：指心志。

譯文

刑罰產生力量，力量產生強大，強大產生威嚴，威嚴產生恩德，恩德從刑罰而來。所以刑罰用得多，賞賜就顯得重要；賞賜用得少，刑罰就嚴厲。人民既有想做的事，也有憎惡的事，想做的事情有六淫（六種蝨害），憎惡的事有四難（務農、力戰、出錢、告奸）。放縱六淫，國家就衰弱；實行四難，國家兵力就強大。所以稱王天下的君主刑罰運用於多個方面，獎賞卻只出於農戰這一個途徑。刑罰用在多個方面，六淫就會止息；獎賞只出於農戰這一個渠道，四難就能推行。六淫止息，國家就沒有奸邪；四難實行，士兵就所向無敵。人民所想得到的東西盈千累萬，但是能獲得利益的只有農戰這一途徑。人民如果不認可這一途徑，就無法滿足欲望，所以只能專心於農戰。專心農戰，力量就能集中；力量集中，國家就強大。國家強大又能用來攻戰，就會強上加強。所以，能夠產生實力又能使用實力的國家，叫作攻打敵人的國家，國家必定強大。堵塞謀求私利的路徑來困乏人民的心志，只開啟農戰這一條路來滿足人們的欲望。讓人民必須先做他們厭惡做的事，然後才能滿足其欲望，所以國家力量就會雄厚。力量雄厚但不去攻打其他國家，人民心志就會困乏；心志困乏，人民就會有私心；有私心國家就會被削弱。所以能夠產生力量但不能使用力量的，就叫自己攻打自己的國家，必定會被削弱實力。所以說：王者，國不用儲存實力，家不用儲存米粟。國家不儲存力量，因為可以調動民眾的力量；家庭不儲存米粟，因為國家的官倉儲藏了糧食。

賞析與點評

駕馭民眾，一方面要用刑罰，一方面要用賞賜，兩者比例要合宜。要多刑賞少，也要結合人的心理：先要人們做厭惡的事情，再滿足他們的欲求；滿足人們的欲求只提供單一途徑，由此聚合人民的力量。這種治民的方式，結合了心理與法規，可達致治國的目的。

國治：斷家王[1]，斷官彊，斷君弱。重輕，刑去。常官，則治。省刑，要保[2]，賞不可倍也[3]。有姦必告之[4]，則民斷於心。上令而民知所以應，器成於家而行於官[5]，則事斷於家。故王者刑賞斷於民心，器用斷於家。治明，則同；治闇，則異。同則行，異則止。行則治，止則亂。治，則家斷；亂，則君斷。治國者貴下斷，故以十里斷者弱[6]，以五里斷者彊。家斷則有餘，故曰：日治者王。官斷則不足，故曰：夜治者彊。[7]君斷則亂，故曰：宿治者削。故有道之國，治不聽君，民不從官。

注釋

1 斷：決斷。家：家庭。
2 要（粵：腰；普：yāo）保：指互相約束，互相看管。要，立約。
3 倍：同「背」，即違背，不守信約。
4 告：告發。
5 器：器用，指人才。一說器物、產品。
6 里：古代二十五家為一里。
7 日治、夜治、宿治：以白天、晚上和隔天來表示辦理事務的速度。

譯文

治理國家：由家庭來決斷事情的國家能稱霸天下，由官府來決斷是非的國家就強大，由君主來決斷事務的國家就弱了。輕罪重罰，犯罪就能杜絕。以恆常的法規來選任官員，國家就能得到治理。減少刑罰，建立信約，令人民互相約束，彼此監督，對那些該賞賜的不可失信。發現奸邪必須予以告發，因為人民心中能判斷是非。國家有令而人民知道應該響應，人才來自家庭，而任職於官府，事情則由家庭來決斷。所以王者施行刑賞，取決於民心，人才則取決於家庭。社會政治清明，人民就會同心；社會政治黑暗，人民就會產生異心。人民同君主同心，國家的法令就能執行；人民同君主不同心，國家的法令就不能執行。法令得到執行，國家就能治理好；法令不能得到執行，國家就會生亂。國家能治理好，人民家庭中就能判別是非；國家生亂，只能由君主作決定。管治國家看重由下作決斷，所以在十個里之內才能作出決斷的國家弱，在五個里之內就能作決斷的國家強。事情家庭就能決斷，國家就有餘力（處理其他事務），所以說：當天就能處理完畢事情的（國家）能稱霸天下。事情都要官府來解決，官府的辦公時間就會不夠，所以說：當晚即能處理完畢事情的（國家）就強大。事情都要君主來決斷，君主就會忙亂不已，所以說：隔天才能處理完畢事情的（國家）就會衰弱。因此，有制度規則的國家，官府處理公務不必聽從於君主，人民處理事務也不必聽命於官員。

算地第六

本篇導讀——

算地，就是計算土地、規劃土地。本篇討論了幾個主要問題：第一，人口和土地的比例。這與土地開發、城市建設直接相關，更重要的是，也涉及行軍作戰時後勤補給的估算，是國家力量的體現。第二，對國家不同持份者的管治。文中提及五民，這五類人各有自己的想法，怎樣運用智慧和力量去統一他們，對國家的穩定最為重要。第三，要了解被統治者的本性。怎樣令人民安於務農、奮勇作戰、建立功績？可以從人性方面入手，建立賞罰制度，執行有序，上下公平，可謂聖人治國的方法。

凡世主之患[1]：用兵者不量力[2]，治草萊者不度地[3]。故有地狹而民眾者，民勝其地[4]；地廣而民少者，地勝其民。民勝其地，務開[5]；地勝其民者，事徠[6]。開徠，則行倍[7]。民過地，則國功寡而兵力少[8]；地過民，則山澤財物不為用。夫棄天物遂民淫者[9]，世主之務過也。而上下事之，故民眾而兵弱，地大而力小。故為國任地者[10]：山林居什一，藪澤居什一，谿谷流水居什一，都邑蹊道居什一，惡田居什二，良田居什四，此先王之正律也。故為國分田數小[11]：畝五百，足待一役，此地不任也。方土百里，出戰卒萬人者，數小也。此其墾田足以食其民，都邑遂路足以處其民，山林、藪澤、谿谷足以供其利，藪澤隄防足以畜[12]。故兵出，糧給而財有餘；兵休，民作而畜長足[13]。此所謂任地待役之律也。

注釋

1 患：憂慮。

2 量：量度、評估、考慮。

3 草萊：荒廢了的農田。度：量度、規劃。

4 勝：超過。

5 務：從事。開：開墾土地。

6 徠：招徠。

7 行：軍隊的行列，這裏指軍隊的數目。

8 國功：指對國家的功用。

9 遂：按着，順着，這裏有滿足的意思。淫：過於。

10 任：使用。

11 數小：指人口數少於耕地數。

12 隄：同「堤」。

13 作：務農，農作。畜：儲蓄。

譯文

當世君主所憂慮的是：用兵作戰時不評估自己的實力，開墾荒地時不做好土地規劃。因此有土地狹小而人口眾多的情況，人口的數量超過了土地的面積；也有土地廣大而人口稀少的情況，土地面積超過了人口的數量。人口多而土地少，要致力於開墾荒地；土地多而人口少，要致力於招徠居民。開墾荒地並招徠居民，軍隊人數可以倍增。人口多而土地少，對國家的功用不足，兵力也少；土地多，超過人口數量，國家的山林、湖澤資源就不能得到充分利用。無視自然資源而滿足人民過分的欲望，這是當世君主在行事上的過失。而現在所有人都這樣做，造成人口多而士兵戰鬥力弱，土地多而國家實力小。所以治理國家，使用土地的比例應該是：山林佔十分之一，湖泊、沼澤佔十分之一，溪谷、河流佔十分之一，城市、道路佔十分之一，荒田佔十分之二，良田佔十分之四，這是前朝君主合乎法度的律則。每個農民分得五百畝田地，國家得到的稅收不足以養活一個士兵，這是因為土地不足以擔負這樣的任務。土地方圓百里，能派出兵士一萬人，是因為人數少於土地數。可耕種的土地足以養活當地的民眾，城市鄉村道路足以安置當地的民眾，山地、森林、湖泊、沼澤、溪谷足夠供應民眾的各種生活資料，湖泊、沼澤的堤壩足夠儲蓄水源。所以軍隊出戰，糧食充足而財力有餘；戰事結束，人民從事耕作，而糧食儲備長期保持充足。這就是利用土地補給戰役的規律。

賞析與點評

古代戰爭的勝負關鍵除了兵力之外，更重要的是後勤補給。計算土地與人口比例，是出戰前對國家實力的一個衡量。土地面積和人口數量的比例計算，側重點在於可以出戰的士兵的數量；而士兵之可以出戰，要靠後勤支持。古時大概要五百畝土地、相當於五戶人家來補給一個出戰的士兵。而這五戶人家自己也需要糧食供應，所以一場戰役所能動員的士兵，需要大量的土地和人口作為支持。

今世主有地方數千里，食不足以待役實倉，而兵為隣敵[1]，臣故為世主患之。夫地大而不墾者，與無地同；民眾而不用者，與無民同。故為國之數[2]，務在墾草；用兵之道，務在壹賞。私利塞於外，則民務屬於農[3]；屬於農，則樸；樸，則畏令。私賞禁於下，則民力摶於敵；摶於敵，則勝。奚以知其然也[4]？夫民之情，樸則生勞而易力[5]，窮則生知而權利[6]。易力則輕死而樂用，權利則畏罰而易苦[7]。易苦則地力盡，樂用則兵力盡。夫治國者，能盡地力而致民死者，名與利交至。

注釋

1 隣：即「鄰」。

2 數：即術，方法。

3 屬：所屬、歸向之意。

4 奚：何，疑問副詞。
5 勞：辛勤。易力：指用力，以力為用。
6 知：同「智」，智謀。權利：計算利益。
7 苦：指貧窮。

譯文

當世君主擁有方圓幾千里的土地，糧食卻不足以用來補給士兵和裝滿糧倉，而士兵又與鄰國為敵，因此我很是為當世君主憂慮。土地廣大卻不開發，即等同沒有土地；人民眾多卻不能利用，即等同沒有人民。所以，管治國家的方法，是要致力於開墾荒地；用兵的方法，是要致力於統一獎賞。堵塞人們從農戰以外獲得私利的途徑，人民就會致力於歸向農耕；歸向農耕，人民就淳樸；人民淳樸，就會畏懼法令。禁止下屬私自行賞，那麼就能集中人民的力量對付敵人；集中力量來對付敵人，就能制勝。怎麼知道會這樣呢？人之常情，是淳樸就會勤勞且不吝惜自己的氣力，貧窮就會產生智謀來計算利益。不吝惜自己的氣力就會輕視死亡而樂於被使喚，計算利益則會畏懼刑罰從而改變貧窮。想改變貧窮就能夠盡量發揮土地的力量，樂於被使喚就能盡量發揮士兵的力量。治理國家的人，能夠盡量發揮地力又能夠讓人民效死，名利便能一齊得到了。

賞析與點評

君主若要令人民和土地發揮最大的作用，不能不首先考慮人之常情，這是推動人民發揮土地效用和發揮士兵力量的必要條件。要想人民安於本分開墾土地，就要令人淳樸，這樣人民才能集中力量開發土地。為甚麼人民願意集中力量開發土地呢？因為他們想要脫貧，權衡利益後，發現努力開墾土地才會過上好日子。

民之性：饑而求食，勞而求佚[1]，苦則索樂，辱則求榮，此民之情也。民之求利，失禮之法；求名，失性之常。奚以論其然也？今夫盜賊上犯君上之所禁，而下失臣子之禮，故名辱而身危，猶不止者，利也。其上世之士，衣不煖膚[2]，食不滿腸，苦其志意，勞其四肢，傷其五臟，而益裕廣耳[3]，非生之常也[4]，而為之者，名也。故曰：名利之所湊[5]，則民道之[6]。

注釋

1 佚：即安逸。
2 煖：同「暖」，暖和。
3 裕：充裕，指數量很多。
4 生：指天生、本性。
5 湊：聚集在一起。
6 道：取道，奔向。

譯文

人民的本性：餓了就求取食物，累了就尋求安逸，痛苦了就尋找快樂，受了恥辱就尋求榮耀，這是人之常情。人民追求利益，就會無視禮法；追求名譽，就會喪失人的本性。怎樣討論這些事情的原因呢？現在的盜賊，對上觸犯君主的禁令，對下喪失臣子的禮儀，就算名聲壞了，生命受到威脅，他們仍然不停止，那是因為利益。那些古代的名士，穿的衣服不能溫暖皮膚，吃的食物不能填飽肚腸，磨練自己的意志，勞累自己的四肢，傷害自己的五臟，而這樣的人還越來越多，這不是正常的人性，他們這樣做，是因為名聲。所以說：名利聚合在一起，民眾就會奔向它。

賞析與點評

這裏討論人的本性，此本性並非儒家所説人的本質，而是指人的自然本性。先是身體的需求，然後是精神的：不擇手段地追求名利，不惜傷害他人，以致喪失正常的人性，那是盜賊所為；節衣縮食，害苦自己，那是名士所為。無論是盜賊還是名士，對於名利，總是汲汲營求。利用追求名利的人性，可以幫助國家發展。下一節繼續討論這一點。

主操名利之柄而能致功名者，數也。聖人審權以操柄，審數以使民。數者，臣主之術，而國之要也。故萬乘失數而不危[1]，臣主失術而不亂者，未之有也。今世主欲辟地治民而不審數，臣欲盡其事而不立術。故國有不服之民，主有不令之臣[2]。故聖人之為國也，入令民以屬農，出令民以計戰[3]。夫農，民之所苦；而戰，民之所危也[4]。犯其所苦[5]，行其所危者，計也。故民生則計利，死則慮名。名利之所出，不可不審也。利出於地，則民盡力；名出於戰，則民致死。入使民盡力，則草不荒；出使民致死，則勝敵。勝敵而草不荒，富彊之功可坐而致也。

注釋

1 乘（粵：剩；普：shèng）：原指車輪，可作量詞。指古代兵車，一輛就是一乘。

2 不令：不聽從法令。

3 計：計算權衡。

4 危：認為危險。

5 犯：觸及。

譯文

君主操縱名和利的大權，讓人民獲得功績和名聲，那是管治的方法。聖明的君主審察權力來操控權柄，審察管治方法以役使人民。管治的方法，是大臣與君主的權術，也是治國的關鍵。所以，擁有萬輛兵車的大國管治失誤卻不危險，臣子與君主權術運用不當而國家不混亂，是從來沒有的。現在君主想要開闢疆土、管治人民卻不詳察管治方法，大臣想要盡職盡責卻不確立權術。所以，國家有不服從的人民，君主有不聽命的大臣。因此聖明的君主治理國家，對內令人民歸心於務農，對外則讓人民權衡利弊後考慮對敵作戰。務農是人民認為辛苦的事，而作戰是人民認為危險的事。民眾願意幹自己認為辛苦的事、做自己認為危險的事，是權衡利弊的結果。所以，人民生時計算利益，死時也會顧慮自己的名譽。對於名利的來源，不能不仔細考察。利來自土地，那麼人民就會盡力開墾田地；名來自作戰，那麼人民對外就會拚死作戰。對內讓人民能竭盡全力，那土地就不會荒蕪；對外讓人民拚死作戰，就能戰勝敵人。能戰勝敵人而土地又不荒蕪，富強便唾手可得了。

賞析與點評

要實現有效管治，就要有效運用管治方法，甚至使用權術。利用名利作為手段，從人民想獲得名利的欲望着手，讓人民通過開墾土地獲利、通過參與戰爭獲名，用名利驅使國人勤勞勇敢，令國家富強。

今則不然。世主之所以加務者，皆非國之急也。身有堯、舜之行，而功不及湯、

武之略者[1]，此執柄之罪也[2]。臣請語其過：夫治國舍勢而任談說，則身脩而功寡[3]。故事《詩》、《書》談說之士，則民游而輕其君；事處士[4]，則民遠而非其上；事勇士，則民競而輕其禁[5]；技藝之士用，則民剽而易徙[6]；商賈之士佚且利，則民緣而議其上[7]。故五民加於國用，則田荒而兵弱。談說之士資在於口，處士資在於意，勇士資在於氣，技藝之士資在於手，商賈之士資在於身。故天下一宅，而圜身資[8]。民資重於身，而偏託勢於外[9]。挾重資，歸偏家[10]，堯、舜之所難也。故湯、武禁之，則功立而名成。聖人非能以世之所易勝其所難也，必以其所難勝其所易。故民愚，則知可以勝之；世知，則力可以勝之。臣愚，則易力而難巧；世巧，則易知而難力。故神農教耕而王天下，師其知也；湯、武致彊而征諸侯，服其力也。今世巧而民淫，方傚湯、武之時，而行神農之事，以隨世禁[11]。故千乘惑亂，此其所加務者，過也。

注釋

1 略：謀略，雄才偉略。
2 執柄：執掌權柄。
3 脩：修養。

4 處士：具才幹但隱居不仕的人。
5 競：爭勝。
6 剽：輕浮。
7 緣：攀附。
8 圜：圍繞。
9 偏：通「遍」。
10 偏：自己，私自。
11 隨：即「墮」，毀壞。

譯文

現在卻不是這樣。君主所着力處理的，都不是國家的當務之急。具備堯、舜的品格，但功績不及商湯和周武王，這是掌管權柄之人的過失。請讓我談談他們的過失：管治國家捨棄管理方法而任用喜歡空談的人，雖然自身有修養，但成就不大。所以，任用讀《詩》、《書》的言辯之士，民眾就會四處遊蕩而輕視君主；任用那些隱逸之士，民眾就會遠離朝廷且非議君主；任用勇士，民眾就會彼此爭勝而輕視禁令；任用手工業者，民眾就會輕浮而容易改變主意；商人安逸且重視利益，民眾就會攀附他們而議論君主。國家任用這五種人，就會令到田地荒蕪而兵力被削弱。言辯之人的資本在於口舌，隱士的資本在於心志，勇士的資本在於力氣，手工業者的資本在於雙手，商人的資本在於其自身。他們四海為家，安身立命的資本則隨身攜帶。人民將謀生的資本看得比他自身還重要，而在國外到處尋求勢力依附。（他們）攜帶重要的資本，回到自己家中，就是堯、舜也難以治理好這些人。所以商湯和周武王下令禁止這種情況，因而功成名就。聖明的君主不是用世間易做的事來戰勝難做的事，而一定是用難做的事來戰勝易做的事。所以人民愚昧，就用智慧戰勝他們；世人有智慧，就用力量戰勝他們。臣子愚昧，就會以為出力容易而使用智慧困難；世人聰明，則會以為使用智慧容易而出力困難。所以神農教人耕種而稱王天下，是因為人們要學習他的智慧；商湯和周武王致力於強大而征服了諸侯，是因為諸侯屈服於他的力量。現在世人多機巧而民眾多放佚，正是仿效商湯和周武王的時候，卻依從神農的方式行事，由此破壞了國家的禁令。所以，擁有千輛兵車的大國起了亂子，這是因為他們所要特別處理的事情，都是錯誤的。

民之生[1]：度而取長，稱而取重，權而索利。明君慎觀三者，則國治可立，而民能可得。國之所以求民者少，而民之所以避求者多。入使民屬於農，出使民壹於戰。故聖人之治也，多禁以止能[2]，任力以窮詐[3]。兩者偏用，則境內之民壹；民壹，則農；農則樸；樸則安居而惡出。故聖人之為國也，民資藏於地，而偏託危於外[4]。資藏於地則樸，託危於外則惑。民入則樸，出則惑，故其農勉而戰戢也[5]。民之農勉則資重，戰戢則隣危。資重則不可負而逃，隣危則不歸於外。無資歸危外託，狂夫之所不為也。故聖人之為國也，觀俗立法則治，察國事本則宜。不觀時俗，不察國本，則其法立而民亂，事劇而功寡[6]。此臣之所謂過也。

注釋

1 生：天性、本性。

2 能：能力。

3 窮：杜絕。

4 偏：少。託：依靠。危：通「詭」，欺詐。

5 戢（粵：輯；普：jí）：聚集。

6 劇：多。

譯文

人的天性：量度後會選擇較長的東西，稱重後會選取較重的東西，衡量得失後會選擇對自己有利的事。精明的君主謹慎觀察這三種情況，治理國家的原則就可以確立，而人民的才能就可以得到利用。國家對人民的要求不多，而人民避開國家要求的法子卻很多。對內令人民依附於農業，對外令人民專心於作戰。所以，聖君治理國家，多用禁令來限制人民的才能，利用民力來杜絕欺詐行為。這兩個辦法能普遍使用，國內的人民就會一致；人民一致，就會專心務農；專心務農，人民就樸實；人民樸實，就會安於居所而討厭外出。所以聖君治理國家，令人民將收入來源寄託在土地上，而很少能依靠詭詐在外謀食。人民將收入來源寄託在土地上就樸實，依靠詭詐在外謀食就惑亂。人民對內樸實，對外感到惑亂，便會努力從事農耕，作戰也能團結一致。人民努力務農，貨財就增加；作戰能夠團結一致，鄰國就危險。貨財太多就不容易帶着出逃，鄰國危險就不會去投靠。沒有資本，投身外國危險之地，就是瘋漢也不會這麼做。所以聖君治理國家，觀察風俗來確立法規，國家就能治理好；察看國情弄清國家的根本，就能治理得當。不觀察時代風俗，不考察國家的根本情況，那麼就算國家的法令確立了，人民也仍然混亂；事務繁忙而功勞少，這就是我所說的過失啊。

賞析與點評

治國要關注人性。人性有趨利的取向，總想多佔用些資源，讓自己獲得最大的利益。所以管治的思維首先要從人性想佔用貨財、避免災害出發，同時，察看風俗與國情，這樣，制定的法規就容易被人民接受，執行自然就水到渠成了。

夫刑者，所以禁邪也；而賞者，所以助禁也。羞辱勞苦者，民之所惡也；顯榮佚樂者，民之所務也。故其國刑不可惡，而爵祿不足務也，此亡國之兆也。刑人復漏[1]，則小人辟淫而不苦刑[2]，則徼倖於上以利求[3]。顯榮之門不一，則君子事勢以成名。小人不避其禁，故刑煩[4]。君子不設其令，則罰舛。刑煩而罰行者，國多姦。則富者不能守其財，而貧者不能事其業，田荒而國貧。田荒，則民詐生；國貧，則上匱賞。故聖人之為治也，刑人無國位[5]，戮人無官任[6]。刑人有列，則君子下其位；衣錦食肉，則小人冀其利[7]。君子下其位，則羞功；小人冀其利，則伐姦[8]。故刑戮者所以止姦也，而官爵者所以勸功也。今國立爵而民羞之，設刑而民樂之。此蓋法術之患也。故君子操權一正以立術[9]，立官貴爵以稱之，論勞舉功以任之。則是上下之稱平。上下之稱平，則臣得盡其力，而主得專其柄。

注釋

1 復：覆蓋，引申為庇護。漏：漏網，未能繩之以法。
2 辟：即邪僻，不老實。苦：害怕。
3 徼倖：僥倖。
4 煩：多。
5 刑人：受刑責的人，即罪犯。
6 戮人：罪人。
7 冀：希望。
8 伐：誇獎。
9 正：政，政策之意。

譯文

刑罰，用來禁止作奸犯科；賞賜，用來輔助刑罰。羞辱和勞苦，是人民所憎惡的；顯榮和逸樂，是人民所追求的。所以，如果國家的刑罰沒有人畏懼，而爵祿不足以令人追求，那是亡國的徵兆。該受刑責的人卻得到庇護而逃脱法網，那麼百姓就會邪僻放縱，而不會害怕遭受刑罰，從而對君上心存僥倖，而以追求私利為目的。顯榮不止一個途徑，那麼官吏就會攀附權貴來獲取聲譽。百姓不避國家的禁令，所以刑罰繁多。官吏不設立法令，所以刑罰錯亂。刑法繁瑣而實行刑罰，國家便會多奸邪。這樣，富人就不能保有他們的財產，窮人就不能從事他們的職業，土地就會荒廢，國家也會貧窮。土地荒廢，人民就會出現欺詐行為；國家貧窮，君主便會缺少財物用於賞賜。所以聖人治國，受過刑責的人在國家中沒有地位，犯過罪的人在朝廷裏沒有官做。受過刑責的人也能在朝廷中有一席之地，那官吏就會看不起自己的地位。（犯過罪的人也能）錦衣玉食，百姓就會貪圖他們獲得的利益。官吏看不起自己的地位，就羞於建功立業；百姓希冀獲得非分的利益，就會誇讚奸邪。所以刑罰是用來禁止作奸犯科的，官爵是用來鼓勵建功立業的。現在國家設立官爵而人民認為可恥，設立刑罰人民卻覺得可笑。這大概是律法和權術的弊病吧。因此，君子操控權柄、統一政策而制定管治方針，通過封官授爵來獎勵人民，按照功勞大小來任用官吏。這樣，上上下下就會公平。上下公平，臣子就能為國盡力，君主也能掌握權柄。

賞析與點評

刑罰與賞賜，作為治國之策，在設立與推行時，也需要考慮人民的本性。這段文字用「小人」和「君子」對舉，「小人」當為被統治者，「君子」則是統治者。統治者立法和執法時，一旦沒有綱紀，就會執法不公，以致放縱應當受刑的被統治者，國家就不能有效管治。同理，統治者制定官爵制度，是要公平對待有功勞的被統治者；若處理不公平，作奸犯科的人會越來越多，建立功績的人則會越來越少，國家就會越來越亂。

開塞第七

本篇導讀——

開塞，指開啟閉塞的道路。閉塞特指管治人民時的片面理解。如何開啟閉塞的道路？有以下幾個要點：第一，世易時移，以前推舉賢能的方式，到後來發展為官員制度，管理制度化，是開塞的基礎。第二，根據人民的稟賦，例如愚昧或聰明，實施的管治重點也大大不同。第三，取得天下與守住天下的方式不盡相同，兩者往往是完全相反的。第四，要從人民的好惡入手，實施相應的管治方法。第五，世俗的看法是，刑少賞多國家就可以得到治理，事實上，國家要變得強大，必須刑多賞少。如果用道德去管治人民，結果是人民會變得更加虛偽；如果用刑法來進行治理，更能建立道德標準。第六，君主要用以刑去刑的新觀點來實施管治，藉刑罰來提升管理的層次。

天地設而民生之。當此之時也，民知其母而不知其父，其道親親而愛私[1]。親親則別[2]，愛私則險[3]。民眾，而以別險為務，則民亂。當此時也，民務勝而力征[4]。務勝則爭，力征則訟，訟而無正，則莫得其性也[5]。故賢者立中正，設無私，而民說仁[6]。當此時也，親親廢，上賢立矣[7]。凡仁者以愛利為務，而賢者以相出為道[8]。民眾而無制，久而相出為道，則有亂。故聖人承之，作為土地、貨財、男女之分。分定而無制，不可，故立禁；禁立而莫之司[9]，不可，故立官。官設而莫之一，不可，故立君。既立君，則上賢廢而貴貴立矣[10]。然則上世親親而愛私，中世上賢而說仁，下世貴貴而尊官。上賢者以道相出也，而立君者使賢無用也。親親者以私為道也，而中正者使私無行也。此三者非事相反也，民道弊而所重易也[11]，世事變而行道異也。

注釋

1 親親：愛親人。
2 別：區分、區分。
3 險：邪惡。
4 征：征服他人。

5 性：人之本性。

6 說：同「悦」，喜愛。

7 上：同「尚」，崇尚之意。

8 相出：推薦。

9 司：掌管。

10 貴貴：第一個貴是動詞，指崇尚；第二個貴為名詞，指位高顯赫的人。

11 弊：同「弊」。

譯文

天地初開，人類隨之而出現。當時，人們只認識自己的母親卻不認識自己的父親，以愛親人和追求私利為處世原則。愛親人就會區別親疏，追求私利就會變得邪惡。人民眾多，又着力於區別邪惡，人民就會混亂。當時，人們務求勝過別人，從而竭力來征服他人。務求勝過別人就會產生爭鬥，竭力征服他人就容易起爭端，起了爭端卻沒有得到公正裁決，那人們就會失去本性。所以賢者確立了中立公正的標準，設定了無私的原則，因此人們喜歡仁愛。這時，愛親人的原則被廢除，崇尚有德之人的思想被確立。凡是仁愛的人都把愛護別人、利他當作自己的本分，而賢人以推薦有能力的人為原則。人民眾多而沒有建立制度，長期把推薦賢人作為治理原則，這樣又亂了。所以聖人順應當時社會發展的需要，確定了土地、貨物、財產和男女的歸屬。名分定了卻沒有制度加以保障，不可以，所以又設立了法令；法令設立了而沒有人管理，不可以，所以又設立了官職。官職設立了但沒有人統一領導，不可以，所以要設立君主。既然確立了君主，那崇尚賢人的原則就廢除了，而崇尚權貴的思想又確立了。如此看來，遠古時代，人們愛親人並追求私利；中古時代，人們崇尚賢者而愛仁；近世，人們崇尚權貴而尊重官員。崇尚賢者的人推崇的原則是舉薦賢者，確立了君主之後，崇尚賢者的原則就沒有用處了。愛親人以追求私利為原則，而中立公正的原則令到追求私利行不通了。這三種情況，並非行事互相違背，而是社會形勢變了，令到人們關注的重點也改變了，世事起了變化而行事的原則也不同了。

賞析與點評

本小節一開始便回顧了天地初開至國家制度建立的歷史發展進程，是從羣治到法治的簡單素描。歷史發展共分為三個時期：上古時代、中古時代和近世。

上古時代，人們愛親人、別親疏，以自私自利為出發點來爭奪資源；中古時代，人們確立了中立公正的標準，以推薦賢能之士為重點，並講求仁愛；近世確立了君主的地位，官制也產生了。這樣看來，近世是政制發展成熟期。由親親、舉賢，發展到立君主，看似是由私到公的線性軌跡，又似否定儒家，頌揚法家，把自我中心的思考推到了客觀的制度架構上。這一點最值得我們思考。

故曰：王道有繩[1]。夫王道一端，而臣道亦一端，所道則異，而所繩則一也。故曰：民愚，則知可以王[2]；世知，則力可以王。民愚，則力有餘而知不足；世知，則巧有餘而力不足。民之生：不知則學，力盡而服。故神農教耕而王天下，師其知也；湯、武致彊而征諸侯，服其力也。夫民愚，不懷知而問；世知，無餘力而服。故以知王天下者并刑[3]，以力征諸侯者退德。

注釋

1 繩：標準。

2 知：同「智」，智慧。

3 并：摒除。

譯文

所以說：統治天下的原則是有標準的。君主管治的原則是一個方面，大臣輔助君主的原則又是一個方面，原則不同，而標準卻一樣。所以說：人民愚昧，那麼依靠智慧就能稱王天下；世人聰明，那麼依靠實力就可稱王天下。人民愚昧，實力有餘而智慧不夠；世人聰明，聰明有餘而實力不足。人的本性：對於不懂得的就去學習，力量用盡就服輸。所以神農教人從事農業生產從而稱王天下，因為人們要學習他的智慧；商湯和周武王擁有強大的實力而征服了諸侯，因為諸侯屈服於他們的力量。人民愚昧，心中沒有知識就要向別人請教；世人聰明，用盡了力量就要服輸。所以靠智慧稱王天下的人就會放棄刑罰，憑藉力量征服諸侯的人就不用德政。

賞析與點評

此節用君主和大臣對舉，君主是主導，大臣是輔助。又比較智慧與力量，舉神農和商湯、周武王為例，來說明智慧與力量的側重點。此節跟上一篇〈算地〉有相通之處。

聖人不法古，不脩今[1]。法古則後於時，脩今則塞於勢。周不法商，夏不法虞。三代異勢，而皆可以王。故興王有道，而持之異理[2]。武王逆取而貴順[3]，爭天下而上讓。其取之以力，持之以義。今世彊國事兼并[4]，弱國務力守，上不及虞、夏之時，而下不脩湯、武。湯、武之道塞，故萬乘莫不戰，千乘莫不守。此道之塞久矣，而世主莫之能廢也[5]，故三代不四。非明主莫有能聽也，今日願啟之以效。

注釋

1 脩：即「修」，遵循。

2 持：守。

3 逆取：周武王以諸侯的身份奪取帝位，不符合古代的禮法，所以叫「逆取」。

4 并：通「併」。

5 廢：通「發」。

譯文

聖人不效法古人，也不遵循今人。效法古人就會趕不上時代，遵循今人就會被社會形勢阻擋。周代不效法商代，夏代不效法虞舜時代。三代社會形勢不同，卻都能夠稱王天下。所以使天下興盛有一定原則，而守住天下則有不同的道理。周武王靠叛逆奪取政權卻崇尚順從（君主），爭取天下卻崇尚謙讓。周武王奪取天下靠的是實力，守住天下用的卻是禮制。現在強大的國家致力於兼併別國，弱國則盡力防守，遠不及虞、夏時代，而近又不遵循商湯、周武王的治國原則。商湯、周武王的治國之道被堵塞了，所以擁有萬輛兵車的國家沒有不征戰的，擁有千輛兵車的國家沒有不防守的。這治國之道已被堵塞了許久，現今的君主沒有誰可以開啟，因此，沒有出現第四個像夏、商、周那樣的朝代。不是英明的君主不能聽進去這番話，今天我願意用實際效果來打通這條路。

賞析與點評

治國之道給堵塞住了，這節提出開通之法，把能稱王天下的治國原則一一展現出來。文中認為興旺天下與守住天下，兩者有不同的原則和道理。君主在用武力奪取政權後，不再以霸服人，卻以德來治理，為甚麼呢？

古之民樸以厚，今之民巧以偽。故效於古者，先德而治；效於今者，前刑而法。此俗之所惑也。今世之所謂義者，將立民之所好，而廢其所惡。此其所謂不義者，將立民之所惡，而廢其所樂也。二者名貿實易[1]，不可不察也。立民之所樂，則民傷其所惡；立民之所惡，則民安其所樂。何以知其然也？夫民憂則思，思則出度[2]；樂則淫，淫則生佚[3]。故以刑治，則民威[4]；民威，則無姦；無姦，則民安其所樂。以義教則民縱；民縱則亂；亂則民傷其所惡。吾所謂刑者，義之本也；而世所謂義者，暴之道也。夫正民者，以其所惡，必終其所好；以其所好，必敗其所惡。

注釋

1 貿：即交換，指位置顛倒。
2 出：生。
3 佚：指安逸。
4 威：即畏，指畏懼。

譯文

古時人民敦厚樸實，現在人民虛假巧偽。所以在古代有效的方法，是先行道德教化，然後管治；現在（管治國家）的有效方法，是先用刑罰，然後執行法治。這是世俗之人感到疑惑的。現今世代所說的義，要確立人民所喜愛的，去除人民所厭惡的。現今世代所提及的不義，則要確立人民所討厭的，去掉人民所喜愛的。二者名實顛倒，不可以不弄明白。確立人民所喜愛的，那麼人民就會被他們所討厭的東西傷害；確立人民所討厭的，那麼人民就會安於他們所喜歡的事物。怎樣知道會這樣呢？（原來）人民憂心就會思考，思考之後做事就會合乎法度；快樂就放縱，放縱就會懶惰。因此用刑罰來管治，人民就會畏懼；人民畏懼，就沒有奸邪；沒有奸邪，人民就可以安於所喜愛的事物。用道義來教化，人民會放縱；人民放縱，就會生亂；生亂，人民就會受害於他們所討厭的東西。我所說的刑，是義的根本；而世人所說的義，是暴亂的原因。管治人民的人，用人民所討厭的施以管治，最終人民一定能獲得他們喜愛的東西；如果用人民所喜愛的來治理，人民一定會受害於他們所討厭的東西。

賞析與評點

古今管治方式大不相同，用道德來管治還是以刑罰來管治呢？從人性的角度看，人性有所愛也有所惡，喜愛某事物，結果是放縱本性；討厭某事物，結果是不去接觸討厭的事物，反而能安於自己所喜愛的。引申到刑罰上，人民討厭刑罰，就不會去以身試法，結果就是不犯法，只安於自己喜愛的事情。由此推論，現今設立刑罰是防止人民虛假巧偽的有效方法。反之，用道德教化，人民只會放縱，甚至受害於他們所討厭的法規。

治國刑多而賞少。故王者刑九而賞一，削國賞九而刑一。夫過有厚薄[1]，則刑有輕重；善有大小，則賞有多少。此二者，世之常用也。刑加於罪所終，則姦不去；賞施於民所義，則過不止。刑不能去姦而賞不能止過者，必亂。故王者刑用於將過，則大邪不生；賞施於告姦，則細過不失。治民能使大邪不生，細過不失，則國治。國治必彊。一國行之，境內獨治。二國行之，兵則少寢[2]。天下行之，至德復立。此吾以殺刑之反於德而義合於暴也[3]。

注釋

1 過：過失，過錯。厚薄：大小。

2 寢：休止，休息。

3 殺：殺戮。反：同「返」。

譯文

治理得好的國家，刑罰多而賞賜少。所以稱王天下的國家，九分刑罰，一分獎賞；衰弱的國家，九分獎賞，一分刑罰。過失有大有小，則刑罰有重有輕；善事有大有小，賞賜則有多有少。這兩種方法，世人常常採用。刑罰在已經犯罪後使用，奸邪不會去除；賞賜人民所認為的義，過錯就不會停止。刑罰不能去除奸邪，賞賜不能遏止罪行，國家一定會混亂。因此，稱王天下的君主，在人將要犯罪時用刑罰，大的奸邪就不會發生；賞賜用在告發奸邪上，小的罪行也不會漏掉。管治人民能夠使大的奸邪不出現，小的罪行不漏掉，國家就得到治理了。國家得到治理就一定會強大。一個國家這樣做，該國就能獨享政治清明。兩個國家這樣做，戰事便可略為止息。天下都這樣做，最高的德行就會重新樹立起來。所以我以為，殺戮、刑罰能合乎道德，而義反倒合於暴力。

賞析與點評

對於刑罰與賞賜的管治成效，文中與世俗的觀點不同。世俗的觀點認為，道德教化最為重要，要獎勵先行，而刑罰要放在後頭。如果以此觀點來治國，國家不會強大，只能成為弱國。要成為強國，就要在人們犯罪時便用刑罰，令人畏懼，則大奸邪不會出現；賞賜重點放在告發奸邪上，則小過錯也可避免。因此，當各國都以刑法來進行管治，反而能樹立德行的楷模，反而更合乎道德。

古者民藂生而羣處[1]，亂，故求有上也。然則天下之樂有上也，將以為治也。今有主而無法，其害與無主同；有法不勝其亂，與無法同。天下不安無君，而樂勝其法，則舉世以為惑也。夫利天下之民者莫大於治，而治莫康於立君[2]。立君之道莫廣於勝法[3]，勝法之務莫急於去姦，去姦之本莫深於嚴刑。故王者以賞禁，以刑勸。求過不求善，藉刑以去刑[4]。

注釋

1 菆（粵：從；普：cóng）：同「叢」，聚集，叢生。

2 康：安。

3 勝法：任法。

4 藉：借助。

譯文

古時的人聚在一起羣居，秩序混亂，所以要求有領袖。如此看來，天下人樂於有領袖，是以為從此天下可以大治。現在有君主而沒有法規，危害與沒有君主相同；有法規但不能阻止混亂，和沒有法規一樣。天下人都不希望沒有君主，卻又喜歡凌駕於君主所制定的法規之上，那麼天下人都會感到迷惑。利益天下人民的事，沒有比治理國家更大的；治理國家最重要的事，沒有比確立君主統治地位更重要的；確立君主統治地位的原則，沒有比施行法治的意義更大的；施行法治的工作，沒有比除掉邪惡更急迫的；去掉邪惡的根本，沒有比嚴苛刑罰更重要的。所以稱王天下的君主用賞賜禁止人民犯罪，用刑罰來規範人民。注意過失不注意善行，借助刑法去除刑法。

賞析與點評

此節提出君主作為領袖，能統領全國的原因。君主除了是人民的領袖，也是規則制定者，需要建立刑法、禁止犯罪、規範民眾行為。立刑法，是為了杜絕犯罪，以刑去刑。人人守法，最終刑罰起不到作用，只能被廢除，這是治理國家的理想境界。

壹言第八

本篇導讀——

壹言，就是論統一、專一，那是立國的原則。本篇從以下幾個方面展開討論：第一，要立國，制度、國務、事本（即農戰）三者都要管理好。怎樣才能管理好？那就要合宜、明確和統一。安排好了制度、政務和農務，就要注意推行的方式。第二，設立賞罰制度，鼓勵人民建功立業。第三，公私分明，處理私人的請求必須以法制為依據，不鼓勵放縱。第四，聚合人民力量和消耗人民力量均有助於治國安邦。第五，君主的領導力也是立國之道。

凡將立國，制度不可不察也，治法不可不慎也，國務不可不謹也，事本不可不摶也。制度時[1]，則國俗可化，而民從制；治法明，則官無邪；國務壹，則民應用；事本摶，則民喜農而樂戰。夫聖人之立法化俗，而使民朝夕從事於農也，不可不知也。夫民之從事死制也[2]，以上之設榮名、置賞罰之明也，不用辯說私門而功立矣。故民之喜農而樂戰也，見上之尊農戰之士，而下辯說技藝之民[3]，而賤游學之人也。故民壹務，其家必富，而身顯於國。上開公利而塞私門，以致民力；私勞不顯於國，私門不請於君。若此而功臣勸，則上令行而荒草闢，淫民止而姦無萌。治國能摶民力而壹民務者，彊；能事本而禁末者[4]，富。

注釋

1 時：合時宜。

2 從事：參與。死：為……而死。制：制度、規章。

3 下：輕視。

4 本：主要的事務，這裏指農戰。末：指次要的事情。

譯文

但凡要建立國家，對於制度的訂立不可不仔細，對於管治法令制定不可不慎重，對於國家政務的處理不可不謹慎，對於國家的根本不可不集中力量去從事。制度合時宜，國家的風俗就能改善，而人民就依從制度；管治的方法明確，官員就不做邪惡的事；國家政務統一，人民就順應實行；從事國家的根本能夠集中力量，人民就喜愛農耕而樂意作戰。聖人設立法規改善風俗，是要人民早晚從事農耕，這是不可不弄明白的。人民之所以願意為國家拚死效力，因為君主設立了榮譽和名位、制定了明確的獎賞和懲罰制度，人民不用依靠辯論和私自請託權貴來建立功業。人民之所以喜愛從事農耕而樂意作戰，是因為看到君主尊重從事農耕和作戰的人，看輕靠辯論或手工業吃飯的人，更輕視到處講學的人。所以人民專心從事農戰，他的家裏一定富有，而自己也會在國家中顯貴。君主開放公共利益而堵塞私自請託權貴的門徑，以令人民盡力；為私人效力不能在國家顯達，私人也不能請託於君主。如果這樣，為國立功的人得到鼓勵，君主的命令就能得以執行，荒地也能得到開墾，放縱的人民就會收斂，而犯罪現象也就不會發生。治理國家能團結人民的力量，專心一意從事農戰，國家就會強大；能令人民從事根本的事務（即農戰）而停止次要的事情（指商業、手工業等），國家就會富足。

賞析與點評

這節提及制度、治法、國務和事本。認為合宜、明確、統一、團結，是制度、治法、國務和事本的重要原則。加上使用獎賞和懲罰的手段，並把人民分類，讚賞支持國家方針的人民，排拒對國家發展無益的人民。執行制度時去掉私人的因素，一切為公不為私，國家的管治就能井井有條，國家就能富強。

夫聖人之治國也，能摶力，能殺力。制度察則民力摶，摶而不化則不行，行而無富則生亂。故治國者，其摶力也，以富國彊兵也；其殺力也，以事敵勸民也[1]。夫開而不塞，則知長[2]；長而不攻[3]，則有姦。塞而不開，則民渾；渾而不用，則力多；力多而不攻，則有蝨。故摶力以壹務也，殺力以攻敵也。治國者貴民壹，民壹則樸，樸則農，農則易勤，勤則富。富者廢之以爵[4]，不淫；淫者廢之以刑，而務農。故能摶力而不能用者必亂，能殺力而不能摶者必亡。故明君知齊二者[5]，其國彊；不知齊二者，其國削。

注釋

1 事（粵：志；普：zì）：也作剚，刺殺。

2 知：同「智」，即智慧。長：增長。

3 攻：攻擊。

4 廢：衰敗，此指消耗。

5 齊：古「劑」字，有調劑和調節之意。

譯文

聖人治理國家，能聚合力量，也能消耗力量。制度明確，就能聚合人民的力量，人民力量被聚合了但不加以轉化就不能發揮，（人民為國家）發揮了力量卻沒有變得富裕就會生亂子。因此，治理國家，聚合人民的力量，用來使國富兵強；消耗人民的力量，用來對付敵人和鼓舞人民。如果君主能夠開通阻塞，展現治國原則，人民的智慧就會增長；智慧增長了而不去整治國家，就會發生奸惡的事情。閉塞而不展現治國原則，人民就會糊塗；糊塗而不被使用，人民的力量就會增多；力量增多又不去整治，就會產生蝨害。所以聚合人民力量用以專心農戰，而消耗人民的力量用來攻擊敵人。治理國家貴在使人民目標一致，人民專一就淳樸，淳樸就務農，務農就會變得勤勞，勤勞就會富裕起來。用爵祿令富人放下富貴，他們就不會放縱；用刑罰令放縱的人不再放縱，他們就會去務農。所以能聚合人民力量卻不會使用人民的力量，國家一定會亂；能消耗人民的力量而不能聚合人民的力量，國家一定會滅亡。因此英明的君主知道調節兩者，國家就強大；不知道調節兩者的，國家就弱小。

夫民之不治者，君道卑也[1]；法之不明者，君長亂也。故明君不道卑、不長亂也。秉權而立，垂法而治[2]，以得姦於上，而官無不[3]；賞罰斷，而器用有度。若此，則國制明而民力竭，上爵尊而倫徒舉[4]。今世主皆欲治民，而助之以亂。非樂以為亂也，安其故而不闚於時也[5]。是上法古而得其塞，下修今而不時移[6]，而不明世俗之變，不察治民之情。故多賞以致刑，輕刑以去賞。夫上設刑而民不服，賞匱而姦益多。故民之於上也，先刑而後賞。故聖人之為國也，不法古不修今，因世而為之治，度俗而為之法。故法不察民之情而立之，則不成；治宜於時而行之，則不干[7]。故聖王之治也，慎法、察務，歸心於壹而已矣。

注釋

1 道：志向，指領導的方向。卑：卑下，又有平庸的意思。

2 垂法：設置法規或法律。

3 不：同「否」（粵：鄙；普：pǐ），惡行，不當的行為。

4 倫徒：民眾。

5 闚：即窺。

6 時移：世易時移。

7 干：干犯，冒犯。

譯文

人民沒有管治好，是因為君主的領導方式平庸；國家的法規不明確，是因為君主助長了動亂。所以英明的君主領導不平庸，也不會助長動亂。（君主）手握大權主持朝政，根據法律治理國家，上位者能識得奸邪，而官員也就沒有惡行；賞罰決斷有依據，行事具才幹有氣量。如果這樣，國家就會制度明確，而人民力量也會被充分利用；君主設置的爵位尊貴，而人民也能得到任用。現今君主都想治理好人民，卻助長了混亂。君主並非樂意造成混亂，只是安於過去而不察看當前的形勢。這樣一來，他們對上效法古代而得到的東西卻在今天行不通，向下拘泥現狀卻趕不上時代的發展，不明白社會風俗在變化，不了解治理人民的情況。因此濫用獎賞反而招致了使用刑罰，減少刑罰又使獎賞沒有效用。君主設立刑罰而人民不服從，賞賜用盡了奸邪卻更多。所以人民對於君主，都是先接受刑罰的約束而後受到賞賜。因此，聖明的君主治理國家，不效法古代也不拘泥於現狀，而是依據社會現實情況的變化來施行管治，並考察風俗來制定法令。所以法令不考察人民的實際情況而設立，就不能做好；管治適應當時的形勢，人民就不會冒犯。所以英明的君主治理國家，會慎重立法，考察時勢，將精力集中在農戰上。

賞析與點評

生搬硬套古人的方法與拘泥於現狀都不利於治國，所以君主要打破成見，按社會的實際情況施政。法令的制定，也要符合時勢。至於刑賞方面，建立刑罰先於賞賜的模式，是管治的要領，毋庸贅述。

錯法第九

本篇導讀——

錯法，即施行法令。本篇主要討論施法需注意的要點，首先是賞罰的原則要明確，這樣人民才會競相爭取立功，以獲得爵祿，而避免以身試法，績效制度由是建立。其次，推行獎罰制度時要注意人的情感因素，因為人是有好惡的，賞賜要讓人民感到榮耀，刑罰要令人民畏懼。再次，法令要嚴明，不能標準不明確。最後，由於法制的客觀性，君主作為最高領導人，自身行事不可不謹慎，如此，管治才會有成效。

臣聞：古之明君，錯法而民無邪[1]；舉事而材自練[2]；行賞而兵彊。此三者，治之本也。夫錯法而民無邪者，法明而民利之也。舉事而材自練者，功分明[3]；功分明則民盡力，民盡力則材自練。行賞而兵彊者，爵祿之謂也。爵祿者，兵之實也。是故人君之出爵祿也，道明[4]。道明，則國日彊；道幽[5]，則國日削。故爵祿之所道，存亡之機也。夫削國亡主，非無爵祿也，其所道過也。三王五霸，其所道不過爵祿，而功相萬者，其所道明也。是以明君之使其臣也，用必出於其勞，賞必加於其功。功賞明，則民競於功。為國而能使其民盡力以競於功，則兵必彊矣。

注釋

1 錯法：錯，同「措」，有設置、安放及施行之意。依上下文看，「施行」較合。

2 舉事：推行事務。練：幹練。

3 功分：職分。

4 道：原則。明：明確。

5 幽：隱晦不明，不清楚。

譯文

我聽說：古時的明君，施行法規，人民就沒有邪惡的行為；推行政務，人才自然就幹練；實行賞賜，兵力就會強大。這三點是治國的根本。施行法規人民沒有邪惡的行為，是因為法規明確人民也覺得對自己有利。推行政務人才自然幹練，是因為職分分明。職分分明人民就會竭盡全力，人民竭盡全力，人才就自然幹練。實行賞賜就兵力強大，那是對官爵和俸祿而言的。官爵和俸祿是軍隊用來獎賞的貨財。因此，君主賞賜官爵和俸祿，原則要明確。原則明確，國家就會一天比一天強大；原則不明確，國家就會一天比一天衰弱。所以賞賜爵祿的原則，是國家存亡的關鍵。弱國亡君並不是沒有獎賞爵祿，而是賞賜的原則有問題。三王五霸，他們的原則也只是賞賜爵祿而已，可是功效相去萬倍，那是因為賞賜的原則明確。因此，英明的君主役使他的大臣時，重用他們一定是因為他們的功勞，賞賜一定要加在功績上。論功行賞的原則明確，人民就會爭相立功。治理國家能讓人民競相立功，軍隊實力就會變得強大。

賞析與點評

施行法規、推行政務和實行賞賜，這三者是治國最為重要的方針，但更重要的是實施三個方針的原則。

法規明確，人民才會覺得對自己有利；職分分明，推行事務才有效；賞賜原則清楚，才可以推動人民爭相立功。

同列而相臣妾者，貧富之謂也；同實而相并兼者，彊弱之謂也；有地而君，或彊或弱者，亂治之謂也。苟有道里，地足容身，士民可致也；苟容市井[1]，財貨可聚也[2]。有土者不可以言貧，有民者不可以言弱。地誠任[3]，不患無財；民誠用，不畏彊暴。德明教行，則能以民之有為己用矣。故明主者，用非其有，使非其民。明主之所貴，惟爵其實而榮顯之。不榮則民不急。列位不顯[4]，則民不事爵。爵易得也，則民不貴上爵。列爵祿賞不道其門，則民不以死爭位矣。人生而有好惡，故民可治也。人君不可以不審好惡。好惡者，賞罰之本也。夫人情好爵祿而惡刑罰，人君設二者以御民之志[5]，而立所欲焉。夫民力盡而爵隨之；功立而賞隨之。人君能使其民信於此如明日月，則兵無敵矣。

注釋

1 苟：如果。

2 財貨：財物。

3 誠：實在，確實。

4 列位：頒予爵位。

5 御：駕馭，控制。

譯文

地位相同一方卻被迫稱臣，這是因為貧富不同；同是國家一方卻被人兼併，這是因為強弱不同；擁有土地而做了君主卻有的強有的弱，這是因為政治有的清明有的混亂。如果有道路和街里，土地足以容身，就可以羅致有才能的人；如果留在集市，就可以積聚財物。擁有土地就不能說是貧窮的，擁有人民就不可以說是弱小的。土地被實實在在利用，就不愁沒有財富；人民被實實在在役使，不怕強暴的敵人。君主的品德聖明，所制定的法令能使民眾的力量為自己所用。所以英明的君主能利用不是自己的東西，役使不屬於自己的人民。英明的君主所看重的，只是按照實際情況授予官爵給有功勞的人，使他們感覺到榮耀顯貴。如果覺得不榮耀，人民就不急於得到爵位；賞賜的爵位不顯貴，人民就不會追求爵位；爵位容易獲得，人民就不重視君主賜給的爵位。賜予爵位、賞賜俸祿不遵循正常的途徑，人民就不會拚死爭奪爵位了。人天生就有喜歡和討厭的東西，所以人民能藉此被治理好。因此君主不能不弄清楚人民的喜好和厭惡。人民的喜好和厭惡是運用獎賞和刑罰的根本。人之常情是喜歡爵位俸祿而討厭刑罰，所以君主設置這兩種制度來駕馭人民的志向，而設立人民想要的爵祿。人民盡心竭力，那爵位也隨之而來，立了功勞，獎賞也隨之而來。假如君主能讓他的人民相信這一點就像明亮的太陽和月亮一樣，那軍隊就天下無敵了。

賞析與點評

賞賜與刑罰要怎樣施行才對？首先，賞罰原則要明確；其次，也要考慮人的情感因素，因為人有好惡之情，喜好獎賞而厭惡刑罰。如果獎賞令人民感到顯耀，他們就會拚命去爭取，為此建功立業；如果刑罰令人民感到厭惡乃至畏懼，他們就會盡力去避免，為此循規蹈矩。這樣，君主甚至能獲得意想不到的結果，那就是：出最少的力，獲得最大的效益，甚至可以令他國人民為己所用。

人君有爵行而兵弱者，有祿行而國貧者，有法立而治亂者，此三者，國之患也。故人君者先便辟請謁[1]，而後功力，則爵行而兵弱矣。民不死犯難，而利祿可致也，則祿行而國貧矣。法無度數[2]，而事日煩，則法立而治亂矣。是以明君之使其民也，使必盡力以規其功[3]，功立而富貴隨之，無私德也，故教化成。如此，則臣忠君明，治著而兵彊矣。

注釋

1 便（粵：駢；普：pián）辟：君主寵幸的人。

2 度數：標準與要求。

3 規：謀求。

譯文

有君主授予了爵位而軍力反而削弱的，有給予了俸祿而國家依然貧窮的，有設立了法制而管治仍然混亂的，這三種情況是國家的禍患。如果君主首先考慮的是寵幸之人的請託，而將有功勞、有實力的人放在後面，那麼，爵位雖然封賞實行，軍隊的實力卻被削弱了。人民不需要拚死作戰，利祿便唾手可得，那麼，俸祿雖然發放了，國家卻依然貧窮。立法不制定標準、要求，而國家事務日益繁多，那麼，法制雖然設立了，管治卻仍然很混亂。所以英明的君主役使他的人民，一定令其竭盡全力來謀求功勞，立功了則富貴隨之而來，沒有私下的獎賞，國家的政令就能成功執行。這樣的話，就會臣子忠誠，君主英明，政績顯著而兵力強大。

故凡明君之治也，任其力不任其德。是以不憂不勞而功可立也。度數已立，而法可修。故人君者不可不慎己也。夫離朱見秋豪百步之外[1]，而不能以明目易人[2]；烏獲舉千鈞之重[3]，而不能以多力易人。夫聖人之存體性，不可以易人。然而功可得者，法之謂也。

注釋

1 離朱：指離婁，傳說為黃帝時人，眼力極好，能看見極細微的事物。秋豪：即秋毫，秋天鳥獸新長的細毛。

2 易：交換。

3 烏獲：相傳為戰國時代秦國的大力士。

譯文

所以凡是英明的君主管治國家，會根據民眾為國出力的情況加以任用，而不是據私人恩德予以任用。因此，不憂心不勞累就可以立功。立法的標準確立了，法令就可以制定、執行。因此君主不可不慎重自身的行事。離朱能夠在百步之外看見鳥獸秋天新長的細毛，卻不能將他的好視力轉給別人；烏獲能舉起上千斤的重物，卻不能將大力氣轉給別人。聖人所具有的特質和性格，也不能轉給別人，但是功業卻可以建立，那是因為法治啊。

戰法第十

本篇導讀——

戰法，即作戰的方法。本篇論述了作戰的原則和方法，認為戰爭勝負的關鍵在於政治，政治清明，國家治理得當，則可以令萬民歸心，從而奮力作戰。至於作戰的技巧，則論及一些比較具體的情況，例如看到敵兵潰散應怎樣做？兩軍對壘，要從哪些方面評估兵力，謹慎出兵？最後，也談到如果士兵輕敵身陷險境，該如何處理。

凡戰法必本於政。政勝[1]，則其民不爭。不爭，則無以私意，以上為意。故王者之政，使民怯於邑鬬[2]，而勇於寇戰。民習以力攻，難，難故輕死。

注釋

1 勝：佔優勢。

2 邑鬬：與本邑人打鬥。

譯文

一般來説，戰爭策略必須以政治為根本。政治上佔據優勢，人民才不起爭端。人民不起爭端，才不會去逞個人意志，而以君主的意志為意志。所以稱王天下的君主的政治，使人民羞於和自己鄉里人打鬥，而勇於和敵人戰鬥。人民習慣於用實力進攻，這是艱難的；做到了難以做到的，所以就不怕死。

見敵如潰[1]，潰而不止，則免[2]。故兵法：「大戰勝，逐北無過十里[3]。小戰勝，逐北無過五里。」

注釋

1 潰：潰堤。

2 免：不再追趕。

3 北：敗。

譯文

見到敵兵像決堤一樣敗逃，敗逃不停，就放過他們。兵法說：「大勝，追擊敗兵不要超過十里。小勝，追擊敗兵不要超過五里。」

賞析與點評

擊敗敵軍後，追趕敗兵也有一定的原則。

兵起而程敵[1]。政不若者，勿與戰；食不若者，勿與久；敵眾勿為客[2]；敵盡不如，擊之勿疑。故曰：兵大律在謹[3]，論敵察眾，則勝負可先知也。

注釋

1 **程**：衡量，估量。

2 **客**：攻伐主權國的國家為客國，主權國為主國。由於客國主動進攻，「客」在此處作動詞用，有攻伐之意。

3 **大律**：重要法則。

譯文

軍隊有所行動，要估量敵人的力量。政治上不如敵國清明時，不要與之作戰；糧食不如敵國多時，不要與之糾纏太久；敵人眾多，就不要進攻；敵人一切都不如自己時，攻打它不要遲疑。所以說：用兵的重大規律在於謹慎，研究敵情、審察兵力，那勝負就可以預先知道。

賞析與點評

作戰要知己知彼，要從政治、糧食、士兵人數等方面研究軍情，謹而慎之。

王者之兵，勝而不驕，敗而不怨。勝而不驕者，術明也[1]；敗而不怨者[2]，知所失也。

注釋

1 術：指戰術。

2 怨：怨憤。

譯文

稱霸天下的軍隊，作戰勝利而不驕傲，作戰失敗而不怨憤。作戰勝利而不驕傲，是因為戰術高明；作戰失敗而不怨憤，是因為知道了失敗的原因。

若兵敵彊弱，將賢則勝，將不如則敗。若其政出廟算者[1]，將賢亦勝，將不如亦勝。持勝術者，必彊至王。若民服而聽上，則國富而兵勝。行是必久王。[2]

注釋

1　廟算：戰事的吉凶占卜儀式，自夏朝開始，帝王在廟堂占卜，祈求神靈保祐。

2　行是必久王：也作「行是久必王」。

譯文

如果敵我兵力相當，將領有能力就能獲勝，將領無能就會打敗仗。假如作戰的決策來自廟堂占卜（即決策出自朝廷的精心謀劃），將領有能力也會取勝，將領無能也能取勝。掌握了制勝的方法，國家就一定能強大直至君主稱王天下。如果人民服從並聽從君主的統治，那麼國家就會富強，軍隊也會打勝仗。實行這樣的原則，就一定能長期稱王天下。

其過失[1]，無敵深入[2]，偕險絕塞[3]。民倦且饑渴，而復遇疾，此敗道也。故將使民者，若乘良馬者，不可不齊也[4]。

注釋

1 其：指用兵。

2 無：借為「侮」，輕侮、輕視之意。

3 偝：同「背」。

4 齊：古「劑」字，調劑、調節之意。

譯文

用兵的過失，是輕敵深入，令士兵背靠險地，越過關塞。兵士疲倦且飢渴不已，再加上遇到疫病流行，這是敗軍之道。將領役使士兵，就像騎好馬，不可不注意調節其體力。

立本第十一

本篇導讀——

立本，指致強的根本。原則如下：第一，作戰前要制定法規，讓士兵習以為常，出發前軍隊便已建立軍紀；第二，以刑罰與檢舉幫助推動立法和執法；第三，激發士兵的鬥志，以求戰無不勝；第四，要論功行賞，賞賜要一致。這三點是富國強兵的重要原因。

凡用兵，勝有三等：若兵未起則錯法；錯法而俗成；俗成而用具[1]。此三者必行於境內，而後兵可出也。行三者，有二勢[2]：一曰輔法而法行[3]，二曰舉必得而法立[4]。故恃其衆者，謂之葺[5]；恃其備飾者[6]，謂之巧[7]；恃譽目者[8]，謂之詐[9]。此三者恃一，因其兵可禽也[10]。故曰：彊者必剛鬭其意[11]，鬭則力盡，力盡則備[12]，是故無敵於海內。治行則貨積；貨積則賞能重矣。賞壹則爵尊；爵尊則賞能利矣。故曰：兵生於治而異；俗生於法而萬轉；過勢本於心而飾於備勢[13]。三者有論[14]。故彊可立也。是以彊者必治，治者必彊；富者必治，治者必富；彊者必富，富者必彊。故曰：治彊之道三，論其本也。

注釋

1 用：指戰爭所需要的，可以指物資需要，更可以指行軍的軍紀，看上文下理，後者較合。具：完備。

2 勢：情況。

3 輔法：輔助推行法治。

4 舉：檢舉。

5 葺：用茅草覆蓋房子。此處暗指茅屋不堅固。

6 備：武器裝備。飾：裝飾，粉飾。
7 巧：指花巧，虛有其表。
8 譽目：好名聲。
9 詐：詐取，欺騙，徒有名聲。
10 禽：同「擒」，捉拿。
11 剛：剛強。鬬：戰鬥，爭勝。
12 備：無往不利。
13 過：疑當作「運」。飾：顯示。
14 論：通「倫」，條理，秩序。

譯文

凡用兵作戰，有三個制勝步驟：士兵出發前就制定法規；制定法規，人民習用並形成風氣；習用並形成風氣後，那戰爭所需的一切都具備了。這三個步驟一定要在國內施行，然後才可以出兵。實現這三點有兩種情況：一是君主輔助推行法治，從而令法令得以施行，二是措施得當，從而令法制得以確立。所以，倚仗自己人多勢眾的，就像用茅草蓋房子，雖然多但不結實；倚仗武器裝備美觀的，叫作浮華取巧，卻不實用；倚仗虛名美譽的，叫作欺詐虛偽。三種情形（君主）只要倚仗其中的一種，他的軍隊就會被對方擒獲。所以說：強國必定使軍隊鬥志剛強，鬥志剛強打仗就會拚盡全力，拚盡全力軍隊就會無往不利，因此能海內無敵。法令得以施行，財富就能積累起來；財富積累起來，賞賜就能豐厚。獎賞要一致，君主賜予的爵位就尊貴；爵位尊貴，賞賜就會產生有利的效果。所以說軍隊誕生於政治，又因政策的不同而有差異；風俗由法治而生，又隨法治的變化而千變萬化；運用權勢是出於精心考慮，就會出現無往不利的形勢。這三個方面梳理清楚了，國家的強大就可以得到保證了。所以強大的國家一定社會安定，社會安定的國家一定強大；富裕的國家一定社會安定，社會安定的國家一定富裕；強大的國家一定富裕，富裕的國家一定強大。所以說社會安定強大的原因有三個，一定要弄清它的根本。

兵守第十二

本篇導讀——

兵守，即軍隊的防守。本篇主要談防守的策略和原則。哪些國家需要防守？四面受敵的國家需要防守，背靠大海的國家，可採取進攻的策略。防守需要怎樣的力量？防守要拚命及以逸待勞。防守的原則是甚麼？防守要把參戰的人民分為壯男、壯女、老弱三類，分別組成三軍，各有職守，三軍不相往來，目的是保持士氣。

四戰之國貴守戰[1]，負海之國貴攻戰。四戰之國好興兵以距四鄰者[2]，國危。四鄰之國一興事[3]，而己四興軍，故曰國危。四戰之國，不能以萬室之邑舍鉅萬之軍者[4]，其國危。故曰：四戰之國務在守戰。

注釋

1 四戰之國：與鄰國接壤的國家，四個方向都會受敵，即四面受敵之國。

2 距：圍困。

3 事：戰事。

4 舍：安置，使居住。鉅：大。

譯文

四面受敵的國家貴在防守，背靠大海的國家貴在進攻。如果四面受敵的國家喜愛發動戰爭圍困四個鄰國，那國家就危險了。因為四面的鄰國每興兵一次，自己就要出兵四次，所以說國家就危險了。四面受敵的國家，如果不能有萬戶的城邑安置數以萬計的軍隊，這個國家就危險了。所以說，四面受敵的國家主要任務是防守。

守有城之邑，不知以死人之力與客生力戰[1]，其城拔[2]。若死人之力也，客不盡夷城[3]，客無從入，此謂以死人之力與客生力戰。城盡夷，客若有從入，則客必罷[4]，中人必佚矣[5]。以佚力與罷力戰，此謂以生人力與客死力戰。皆曰：「圍城之患，患無不盡死。」而亡此二者[6]，非患不足[7]，將之過也。

注釋

1 死人之力：即拚死的力量。客：敵方，指攻伐國。生力：求生的力量。

2 拔：攻下，取得。

3 夷：鏟除，夷平。

4 罷（粵：鄙；普：pí）：同「疲」。

5 中人：在城裏的人。

6 亡：通「無」。二者：指上文所說的「以死人之力與客生力戰」和「以佚力與罷力戰」。

7 患：擔憂。

譯文

防守有牆垣的城鎮，不知道用拚死的力量與敵人求生的力量作戰，城池一定會被攻下。如果守軍拚死抵抗，敵人也不能將城垣全部夷平，敵人無法進城，這就叫用拚死的力量與敵人求生的力量作戰。城垣全被夷平，如果敵人進城，他們一定已很疲勞，而城內的軍隊以逸待勞。用以逸待勞的軍隊與疲憊的軍隊作戰，這就叫用求生的力量跟敵人拚死的力量作戰。大家都說：「圍城的擔憂，在於擔憂沒有不拚死守衛自己城池的。」不是這兩種情況，就不是擔憂實力不夠，而是將領的過失。

賞析與點評

防守宜用拚死的力量，否則城邑容易被攻下。守方能用拚死的力量，攻伐的一方則不能佔上風，反而容易疲勞，最後只有失敗。所以防守要拚死力，否則就是將領的過失。

守城之道，盛力也。故曰客治簿檄[1]，三軍之多，分以客之候車之數[2]。三軍：壯男為一軍，壯女為一軍，男女之老弱者為一軍，此之謂三軍也。壯男之軍，使

盛食、厲兵[3]，陳而待敵。壯女之軍，使盛食、負壘[4]，陳而待令。客至而作土以為險阻及阱格[5]。發梁撤屋[6]，給從[7]，從之；不洽[8]，而熯之[9]，使客無得以助攻備。老弱之軍，使牧牛馬羊彘，草水之可食者收而食之[10]，以獲其壯男女之食。而慎使三軍無相過[11]。壯男過壯女之軍，則男貴女，而姦民有從謀[12]，而國亡；喜與其恐有蚤聞[13]，勇民不戰。壯男壯女過老弱之軍，則老使壯悲，弱使彊憐；悲憐在心則使勇民更慮[14]，而怯民不戰。故曰：慎使三軍無相過。此盛力之道。

注釋

1 客：通「愙」，謹慎。簿檄：軍中的簿冊。

2 客：指敵方。候車：偵察敵情的戰車。

3 盛食：指吃飽。厲兵：磨利兵器。

4 壘：通「蘲」，籠子之類的盛具。

5 作土：堆土。險阻：障礙物。阱格：陷阱。

6 發：挖掘。撤：拆除。

7 給：來得及。從：同「徙」，搬走。

8 洽：此處借作「給」，來得及。

9 熯（粵：捍；普：hàn）：燃燒。

10 草水：草木，指植物。

11 過：指交往，往來。

12 從：同「縱」，不加檢點。

13 蚤聞：蚤，同「早」。早聞，指早上傳來戰訊。

14 慮：想法。

譯文

守衛城邑的原則，是增強自己的力量。所以說，要謹慎整理簿冊，三軍為數不少，要依照敵軍偵察戰車的數量編隊。三軍是：壯年男子構成一支軍隊，壯年女子構成一支軍隊，不分男女，老弱的人構成一支軍隊，這就叫三軍。壯年男子組成的軍隊，讓他們吃飽，磨利武器，排開陣勢等待敵人到來。壯年女子組成的軍隊，讓她們吃飽，背着裝土用的籠子，排列陣勢等待上級的命令。敵軍到來，（讓她們）堆土做障礙物，及製造陷阱。挖掘樑柱，拆除房屋，來得及運走就運走；如果來不及，就將東西燒掉，使敵人不能利用這些東西攻城。老弱的人構成的軍隊，讓他們去牧牛、馬、羊、豬，收集植物中可以吃的給牠們吃，以便壯年男女獲得食物。切記不要讓三支軍隊互相往來。壯年男子到壯年女子的軍隊中去，男子就重視女子，奸邪的人會想出不檢點的壞主意，國家就會滅亡；男女喜歡在一起，害怕早晚會聽到打仗的消息，（如此一來，）勇敢的人也不願意參戰了。壯年男子、女子到老弱的軍隊中去，老人會讓壯年人感到悲傷，弱小的人會讓強壯的人憐憫；有悲傷和憐憫藏在心裏，就會使勇敢的人民改變想法，而膽怯之人就不敢作戰了。所以說，切記不要讓三支軍隊互相往來。這是增強防守力量的原則。

賞析與點評

怎樣才能防守得有效？首先要把參軍的所有人士記名，然後分類，編為三支軍隊，令其各司其職。壯男與壯女為三軍中的支柱，編在前線，應付敵軍，老弱則作為後防。其次，三軍必須不相往來，防止他們生出情感，否則情感會令鬥志消亡。這個不相往來的原則，就是增強防守力量的關鍵。

靳令第十三

本篇導讀——

靳令，指嚴格執行法令。要嚴格執行法令需要不少條件：首先，要有決斷力；第二，以刑罰來治理國家，用賞賜來誘導作戰；第三，排除各種令國家不能富強的因素，去除六種蝨害，就是要留意儒家思想對社會風氣的影響；第四，要簡化管治，激活人民的力量，使之為國效勞；第五，以刑去刑，以言去言，從而達到管治的最高境界；最後，重刑輕賞，罪輕刑重，防止以刑致刑。

靳令[1]，則治不留；法平，則吏無姦。法已定矣，不以善言害法。任功，則民少言；任善，則民多言。行治曲斷[2]，以五里斷者王，以十里斷者彊，宿治者削。以刑治，以賞戰，求過不求善[3]。故法立而不革[4]，則顯民變誅計[5]。變誅之質齊[6]，殊便百都之尊爵厚祿以自伐[7]。國無姦民，則都無姦市。物多末眾[8]，農弛姦勝[9]，則國必削。民有餘糧，使民以粟出官爵[10]，官爵必以其力，則農不怠。四寸之管無當[11]，必不滿也。授官、予爵、出祿不以功，是無當也。

注釋

1 靳令：嚴格執行法令。

2 曲：鄉曲，鄉里。

3 過：過失。

4 革：應為「靳」，嚴正執行之意。

5 顯民：向人民顯示。變誅：詐取。

6 質齊：即質劑，本指貨物買賣的合約。大貨物如牛羊的買賣契約叫質，小貨物如兵器、珍異物品的買賣契約叫劑。這裏取其廣義，指契約或約定。

7 便：就。伐：誇耀。

8 末：末業，指工商業。

9 弛：鬆懈。

10 出：進。

11 當：底部。

譯文

嚴格執行法令，那麼官府處理政務就不會拖延；執法公平，官吏就不會作奸犯科。法令已經制定，就不應用那些所謂仁義道德的議論來破壞法令。任用那些在農戰中立功的人，人民就會少説議論；委任那些所謂的講仁義道德的善良人，人民就多喜歡議論。推行法治，在鄉里決斷政事，在五個里之內就能做出決斷的，君主就能稱王天下；在十個里之內能做出決斷的，國家就能強大；隔天才能處理好事情的國家就會被削弱。用刑罰來治理國家，用賞賜來激勵人民作戰，追究過失而不追求良善。如果法令制定了卻不嚴正執行，那麼就是向人民顯示詐取之方，詐取買賣的契約，極富擁有百都的爵祿財富而自我誇耀。國家沒有違法的人民，那麼城市也沒有違法的市集。貨物多，經營工商業的人就多；農業生產鬆懈，邪惡的事就多，那麼國家就會被削弱。人民有多餘的糧食，讓人民用糧食換取官爵，官爵一定要靠自己的能力獲得，那麼農民就不會懈怠。四寸長的竹管沒有底，一定裝不滿。授予官職、給予爵位、發放俸祿不靠功績，那麼（賞賜）也就沒有底了。

賞析與點評

這節談嚴格執行法令。執法要公平、嚴格。其中，決斷力是能嚴正執法的重要因素。若不能嚴正執法，法令就會變質。

國貧而務戰，毒生於敵，無六蝨，必彊；國富而不戰，偷生於內，有六蝨，必弱。國以功授官予爵，此謂以盛知謀[1]，以盛勇戰。以盛知謀，以盛勇戰，其國必無敵。國以功授官予爵，則治省言寡，此謂以治去治，以言去言。國以六蝨授官予爵，則治煩言生，此謂以治致治，以言致言。則君務於說言[2]，官亂於治邪，邪臣有得志，有功者日退，此謂失。守十者亂[3]，守壹者治。法已定矣，而好用六蝨者亡。民畢農，則國富。六蝨不用，則兵民畢競勸而樂為主用[4]，其竟內之民爭以為榮，莫以為辱。其次，為賞勸罰沮[5]。其下，民惡之、憂之、羞之。修容而以言[6]，恥食以上交[7]，以避農戰，外交以備，[8]國之危也。有饑寒死亡，不為利祿之故戰，此亡國之俗也。

注釋

1 盛：大。

2 務：通「瞀」，眩惑。

3 十者：《詩》、《書》、禮制、音樂、為善、修身、仁愛、廉潔、善辯、聰慧。即〈去彊〉篇所說的「國有十者」，指儒家思想。

4 競：爭相。勸：鼓勵。

5 沮：阻止。

6 修容：一說容是「善」之誤，修善指崇尚仁義，與「言」並列，指篤行儒家思想人士的言行。

7 上交：為了得到任用，同君主交往。

8 外交以備：備，同「避」。外交，依上下文理，應為上交。全句應是「以避上交」。

譯文

國家貧窮卻致力於作戰，禍害就會在敵對國家產生，沒有六種蝨害，國家一定會強大；國家富有但不對外征戰，苟且偷生的事情就會在國內發生，有了六種蝨害，國家一定會被削弱。國家根據戰功授予官職、給予爵位，這就叫用大智慧來謀劃，用大勇氣作戰。用大智慧來謀劃，用大勇氣作戰，這樣的國家一定無敵。國家根據功勞授予官職、給予爵位，就會政務簡明議論減少，這就叫用政務去掉政務，用議論去掉議論。國家根據六種蝨害授予官職、給予爵位，政務就會繁重，議論就會增多，這就叫用政務導致政務，用議論導致議論。那麼君主就會被議論迷惑，官員就會被邪惡的風氣搞得混亂，奸臣便得逞了，有功勞的人則一天一天被排擠出去，這是（治國的）過失。墨守儒家思想的國家就會混亂，堅持讓人民專一從事農戰的國家就會安定。法制已經確定，而喜愛任用六種蝨害的國家就會滅亡。人民都從事農業，國家就會富有。不任用六種蝨害，那麼士兵和人民都會爭相鼓勵而樂於被君主任用，國內的人民也會爭相以之為榮，不會以之為恥（，這是最好的情況）。稍次一等的情況，是人民被賞賜所鼓勵，因為刑罰而停止犯法。再次一等的情況，（對於從事農戰，）人民感到討厭和擔心，也覺得羞恥。他們崇尚仁義，以獲得君主的俸祿、同君主交往得到任用為恥辱，以此逃避農戰、逃避與君主交往，這樣國家就危險了。有人寧可飢寒交迫而死，也不願為利祿而作戰，這是亡國的風氣啊。

六蝨：曰禮、樂，曰《詩》、《書》，曰修善[1]，曰孝弟，曰誠信，曰貞廉[2]，曰仁、義，曰非兵[3]，曰羞戰[4]。國有十二者，上無使農戰，必貧至削。十二者成羣，此謂君之治不勝其臣，官之治不勝其民，此謂六蝨勝其政也。十二者成樸[5]，必削。是故，興國不用十二者，故其國多力，而天下莫能犯也。兵出，必取；取，必能有之。按兵而不攻，必富。朝廷之吏，少者不毀也[6]，多者不損也[7]。效功而取官爵，雖有辯言，不能以相先也，此謂以數治[8]。以力攻者，出一取十；以言攻者，出十亡百。國好力，此謂以難攻；國好言，此謂以易攻。

注釋

1 修：崇尚之意。
2 貞廉：正直廉潔。
3 非兵：反對暴力。

4 羞戰：恥於戰爭。

5 樸：根。

6 較：借作「埤」，增加。

7 損：減少。

8 數：定數。

譯文

六種蝨害：叫禮、樂，叫《詩》、《書》，叫修善，叫孝悌，叫誠信，叫貞廉，叫仁、義，叫非兵，叫羞戰。國家有這十二種禍害，君主就無法讓人民參與農務和作戰，國家一定會貧窮直至衰弱。如果這十二種禍害聚集在一起，這就叫作君主的管治不能壓服大臣，官員的管治不能壓服人民，這叫作六種蝨害駕馭了政令。這十二種禍害生了根，國家一定會衰弱。因此，興盛的國家不用這十二種禍害思想實行統治，所以國家的力量強大，天下其他國家沒有誰能侵犯它。士兵出戰，一定能奪取土地；奪取了土地，一定能擁有它。如果按兵不動，國家也一定會富有。朝廷的官吏，應該少的不會增多，應該多的不會減少。只要有功績就能獲得官職和爵位，即便有辯才，也不得比他人優先，這就叫治國有定法。憑實力攻伐，出一分力獲得十倍的回報；憑空談攻伐，出十分力會付出百倍的代價。國家崇尚實力，這就叫用別人難以得到的東西進攻別的國家；國家崇尚空談，這就叫用別人容易得到的東西進攻別的國家。

賞析與點評

此處重提〈去彊〉篇說過的六種蝨害，共十二個項目。這些禍害削弱國家的力量，妨害了政府的統治。

重刑少賞，上愛民，民死賞。重賞輕刑，上不愛民，民不死賞。利出一空者其國無敵[1]，利出二空者其國半利，利出十空者其國不守。重刑，明大制；不明者，六蝨也。六蝨成羣，則民不用。是故，興國罰行則民親；賞行則民利。行罰，重其輕者，輕者不至，重者不來。此謂以刑去刑，刑去事成。罪重刑輕，刑至事生。此謂以刑致刑，其國必削。

注釋

1 空：同「孔」，通道，地方。

譯文

刑罰重賞賜少，這是君主愛護人民，人民會為了得到賞賜而拚死效力。賞賜重刑罰輕，這是君主不愛護人民，人民就不會為了賞賜而拚死效命。利祿來自一個途徑，那個國家就會天下無敵；利祿來自兩個途徑，那個國家就只能得到一半的好處；利祿來自多個途徑，那個國家就難以自保了。刑罰重，能申明重要的法制；法制不嚴明，是因為有六種蝨害。有六種蝨害思想的人成羣結隊，那麼人民就不會被君主役使。因此，興盛的國家實行刑罰，人民反而會與君主親近；實行獎賞，人民就可獲利。實行刑罰，對那些犯輕罪的人施重刑，那麼，輕罪不會產生，重罪不會出現。這叫用刑罰去掉刑罰，刑罰不用而大業可成。犯重罪而用刑輕，刑罰使用，壞事產生。這叫用刑罰招致犯罪，那個國家一定會被削弱。

賞析及點評

刑罰與賞賜的運用比重，對國家的興衰極為重要。首先，要統一發放賞賜的渠道，只能經由一個途徑，賞賜渠道太多，對國家沒有好處。其次，排除影響人民爭勝心的因素，即六種蝨害。最後就是用重刑，以收阻嚇之用，這樣的話，就可以達到用刑罰去掉刑罰的目的。

聖君知物之要，故其治民有至要，故執賞罰以壹輔[1]，仁者，心之續也[2]。聖君之治人也，必得其心，故能用其力。力生彊，彊生威，威生德，德生於力。聖君獨有之，故能述仁義於天下[3]。

注釋

1 壹輔：以統一的做法來輔助。

2 續：聯繫。

3 述：施行。

譯文

聖明的君主了解事物的要點，所以他治理人民能抓住關鍵，所以執行賞賜和刑罰，輔助引導人民專一從事農戰。仁，是上下民心的聯繫。聖明的君主管治人民時，一定要得人心，因此，能調動他們的力量。實力產生強大，強大產生威力，威力產生恩德，所以說恩德產生於實力。只有聖明的君主明白這個道理，所以能在天下行仁義。

賞析及點評

得人心是管治的要領，心靈的聯繫能產生強大的聚合力量，聖明的君主明白這個重要的道理，能發揮出強大的管治能力。要特別指出的是，能聯繫心靈的，是《商君書》中一再垢病的仁義之道。但此節提及的仁和義，是《商君書》的「仁義」，並非儒家的「仁義」，其解釋跟儒家所說差異頗大。

修權第十四

本篇導讀——

修權，即整治權力。本篇主要為如何行使權力指明了方向。法制、信任和權力是令國家安定的三個重要因素。其中，權力為君主所獨自控制，那君主該如何運用權力？本篇指出，應先劃出公和私的界線，做到公私分明，為法令的執行營造良好的環境，再行賞賜和刑罰，在臣民中建立起信任，從而論功行賞，任賢與能。否則，一旦以權謀私，就會形成小人當道、奸臣魚肉百姓的局面。

國之所以治者三：一曰法，二曰信，三曰權。法者，君臣之所共操也；信者，君臣之所共立也；權者，君之所獨制也。人主失守則危。君臣釋法任私，必亂。故立法明分[1]，而不以私害法，則治。權制獨斷於君則威。民信其賞，則事功成；信其刑，則姦無端[2]。惟明主愛權重信，而不以私害法。故上多惠言而不克其賞[3]，則下不用；數加嚴令而不致其刑[4]，則民傲死[5]。凡賞者，文也；刑者，武也。文武者，法之約也[6]。故明主任法[7]。明主不蔽之謂明，不欺之謂察。故賞厚而信，刑重而威必。不失疏遠，不違親近[8]。故臣不蔽主，而下不欺上。

注釋

1 分：職分。
2 端：開始。
3 克：能。
4 致其刑：執行刑罰。
5 傲死：不怕死。
6 約：樞紐。
7 任：採用。

8 違：避。

譯文

國家之所以能安定，有三個因素：一是法制，二是信任，三是權力。法制，是君臣共同持守的；信任，是君臣共同建立的；權力，是君主獨自控制的。君主掌控不了權力就危險了。君臣拋棄法律只顧私利，國家必定混亂。所以設立法制明確職分，不以私利而損害法制，社會就會安定。君主獨掌權力控制人民就樹立了威信。人民相信君主的賞賜，那麼就能建立功業；相信君主的刑罰，奸邪就無由萌生。只有賢明的君主才會愛惜權力重視信任，不用私利損害法制。所以君主說了很多嘉許的話而不能給予賞賜，臣下就不會為他效命；屢次頒佈嚴厲的法令而不執行刑罰，人民就會輕視死刑。凡是賞賜，都是文治；而刑罰，是武治。文治與武治，是法制的樞紐。所以賢明的君是採用法制的。賢明的君主不受蔽塞叫「明」，不受欺騙叫「察」。所以重賞建立信任，重罰建立威嚴。（賞賜）不遺漏疏遠的人，（刑罰）不迴避親近的人。這樣臣子就不會蒙蔽君主，百姓就不會欺騙君主。

世之為治者，多釋法而任私議，此國之所以亂也。先王縣權衡[1]，立尺寸，而至今法之，其分明也。夫釋權衡而斷輕重，廢尺寸而意長短[2]，雖察，商賈不用，為其不必也。故法者，國之權衡也。夫倍法度而任私議[3]，皆不知類者也[4]。不以法論知、罷、賢、不肖者[5]，惟堯，而世不盡為堯。是故先王知自議譽私之不可任也，故立法明分，中程者賞之[6]，毀公者誅之。賞誅之法不失其議，故民不爭。授官予爵不以其勞，則忠臣不進；行賞賦祿不稱其功[7]，則戰士不用。

注釋

1 縣：同「懸」，繫上的意思。權衡：量度物件重量的工具。權，秤錘。衡，秤桿。
2 意：估計。
3 倍：同「背」，背向，這裏指背道而馳。
4 類：條例。
5 罷：辦事能力差的人。
6 程：規章。
7 賦：賦予。

譯文

世上的統治者，大多數拋開法制而任由私下議論，這是國家混亂的原因。先王懸起秤砣和秤桿，確定尺和寸，這些現在大家都還在沿用，因為其標準明確。如果拋開秤砣和秤桿來判斷輕重，廢去尺寸來估計長短，即便可以估計準，商販也不會採用這種方法，因為那樣不精確。所以，法制是國家的權衡。違背法制而採用私人意見，都不了解法例。不用法制來評定誰是有智慧的人、誰是辦事能力差的人、誰是賢明的人、誰是不成材的人，只有堯，但不是人人都是堯。所以先王知道不可任由私議和稱譽個人來治理國家，所以設立法規，訂明職分，符合規定的就予以獎勵，危害國家的就予以懲罰。賞罰的法度不失標準，人民就不會有爭議。授予官職、給予爵位不按照功勞，忠臣就不會盡力辦事；實行賞賜、賦予爵祿不按照軍功，戰士就不會效命。

賞析與點評

此節談及法理標準的問題。法理標準是公與私的分水嶺，客觀法規可取，主觀評價不可取。有了客觀的標準，評定不同才能的人、實行賞賜和刑罰就有了依據。

凡人臣之事君也，多以主所好事君。君好法，則臣以法事君；君好言，則臣以言事君。君好法，則端直之士在前；君好言，則毀譽之臣在側。公私之分明，則小人不疾賢，而不肖者不妒功。故堯、舜之位天下也[1]，非私天下之利也，為天下位天下也。論賢舉能而傳焉，非疏父子親越人也[2]，明於治亂之道也。故三王以義親天下，五霸以法正諸侯，皆非私天下之利也，為天下治天下。是故擅其名而有其功[3]，天下樂其政，而莫之能傷也。今亂世之君臣，區區然皆擅一國之利而管一官之重[4]，以便其私，此國之所以危也。故公私之交，存亡之本也。

注釋

1 位：通「蒞」，臨。

2 越人：外人。

3 擅：獨佔。

4 區區然：形容人自得的樣子。

譯文

凡臣子為君主服務，多數投君主之所好。君主愛好法制，大臣就以法律為君主服務；君主愛聽好話，大臣就以美言為君主服務。君主愛好法制，身邊就會聚集一羣正直之士；君主愛聽好話，身邊就都是喜歡進讒言的奸臣。公私的職分分明，小人就不會憎恨賢士，沒有才能的人就不會妒忌立功的人。所以堯、舜成為天下的君主，不是以天下為私有，而是為天下萬民治理天下。選賢任能而傳位於他，不是疏遠父子親近外人，而是明白治亂興衰的道理。所以三王靠正義得到天下，五霸靠法制駕馭諸侯，都不是以天下為私，而是為天下百姓治理天下。所以獨得明君的美譽而建立功業，天下人都擁護其統治，沒有誰能動搖。現在亂世的君臣，都得意於能專享一個國家的利益而控制官吏的大權，以滿足其私慾，這是國家陷於危機的原因。所以公私分明是存亡的根本。

夫廢法度而好私議，則姦臣鬻權以約祿[1]，秩官之吏隱下而漁民[2]。諺曰：「蠹眾而木析[3]；隙大而墻壞[4]。」故大臣爭於私而不顧其民，則下離上。下離上者，國之隙也。秩官之吏隱下以漁百姓，此民之蠹也。故有隙、蠹而不亡者，天下鮮矣。是故明王任法去私，而國無隙、蠹矣。

注釋

1 鬻：賣。約：要求。
2 秩官：常設的官員。
3 蠹：蛀蟲。
4 隙：裂縫。

譯文

廢除法制而喜愛私下議論，那麼奸臣就會賣官來求得俸祿，常設的官吏就隱瞞民情魚肉百姓。諺語説：「蛀蟲太多，大樹會折斷；縫隙大了，墻壁會坍塌。」所以，大臣爭相謀取私利而不顧及人民，人民就會背離君主。人民背離君主，這是國家的「裂縫」。常設的官吏隱瞞民情魚肉百姓，這是人民的「蛀蟲」。所以有了「裂縫」、「蛀蟲」而不滅亡的國家，天下少有。所以賢明的君主執行法令去除私利，國家就沒有「裂縫」、「蛀蟲」了。

賞析與點評

承上節所提及的公私討論，倘若沒有法制，一切以私人的好惡出發，老百姓就會任惡吏魚肉，以致人民背離君主，國家難於管治。

徠民第十五

本篇導讀——

徠民，即招徠人民，本篇主要指招徠別國的人民。文中指出，秦國的土地面積和人口數目比例失衡，土地太多，人口太少，國家要發展，必須增加人口數量。而解決方案就是招徠鄰國（主要是三晉）人民，讓他們下田農耕，做戰時後勤補給；同時，秦國本土人民又刻苦耐勞，正好組織他們外出征戰，這樣一來，就能農耕、軍事兩不誤了。

為了吸引外來人民，可以考慮免去他們的賦役，令他們安於農耕。但是當時秦國的君主似乎聽不進這個優惠政策，本篇便以秦國的幾次戰事和東郭敞的例子，來對君主陳述利害。不過，所舉的幾場戰事，均發生在商鞅死後，令人懷疑此篇為後人所寫。

地方百里者，山陵處什一，藪澤處什一，谿谷流水處什一，都邑蹊道處什一，惡田處什二，良田處什四。以此食作夫五萬[1]。其山陵、藪澤、谿谷可以給其材，都邑蹊道足以處其民，先王制土分民之律也[2]。

注釋

1 作夫：農夫。

2 制土：規劃土地。分民：人口分配。律：律則。

譯文

方圓一百里的地方，高山、丘陵佔十分之一，湖泊、沼澤佔十分之一，山谷、河流佔十分之一，城鎮、道路佔十分之一，荒田佔十分之二，可耕作的田佔十分之四。用這些土地可以養活五萬個農夫。其中的高山、丘陵、湖泊、沼澤、山谷、河流可以供給各種生活資料，城鎮、道路足夠它的人民居住，這就是先王制定的規劃土地、分配人口的律則。

賞析與點評

扼要指出土地規劃和人口分配的情況。文中提及律則的問題，在下文有具體闡釋。

今秦之地方千里者五[1]，而穀土不能處二，田數不滿百萬[2]，其藪澤、谿谷、名山、大川之材物貨寶又不盡為用，此人不稱土也[3]。秦之所與鄰者三晉也[4]；所欲用兵者，韓、魏也。彼土狹而民眾，其宅參居而并處。其寡萌賈息民[5]，上無通名[6]，下無田宅，而恃姦務末作以處。人之復陰陽澤水者過半[7]。此其土之不足以生其民也，似有過秦民之不足以實其土也。意民之情[8]，其所欲者田宅也。而晉之無有也信，秦之有餘也必。如此而民不西者，秦士戚而民苦也[9]。臣竊以王吏之明為過見。此其所以不奪三晉民者[10]，愛爵而重復也[11]。其說曰：「三晉之所以弱者，其民務樂而復爵輕也。秦之所以彊者，其民務苦而復爵重也。今多爵而久復，是釋秦之所以彊，而為三晉之所以弱也。」此王吏重爵、愛復之說也，而臣竊以為不然。夫所以為苦民而彊兵者，將以攻敵而成所欲也。兵法曰：「敵弱而兵彊。」此言不失吾所以攻，而敵失其所守也。今三晉不勝秦，四世矣。自魏襄以來[12]，野戰不勝，守城必拔，小大之戰，三晉之所亡於秦者，不可勝數也。若此而不服，秦能取其地，而不能奪其民也。

注釋

1 方：古代田地面積單位。
2 田：古代田地面積單位。
3 稱：相配。
4 三晉：指韓、趙、魏三國，鄰近秦國。
5 寡萌：寡，弱小之意。萌，通「氓」，黎民。賈息：指從事商業買賣而獲利。
6 通名：聞名，指名字為君主所知悉。
7 復：地窖。
8 意：猜測，揣摩。
9 戚：憂愁。
10 奪：爭取。
11 重：看重。復：免除賦稅。
12 魏襄：魏襄王，公元前三一八—前二九六年在位。

譯文

現在秦國有五塊方圓一千里的地方，可是種植穀物的土地還不到十分之二，農田數目不到一百萬，湖泊、沼澤、溪流、山谷、大山、大河中的物產、財寶又不能全部利用，這是人口和土地不相稱。與秦國相鄰的國家是三晉（三家分晉後的韓趙魏三國），秦國想要攻打其中的韓、魏兩國。這兩個國家土地狹小而人口眾多，房屋錯雜，人們聚居在一起。弱小的人民通過經商來獲利，他們的名字君主無所聞，自己也沒有農田和家宅，只能靠欺詐，從事工商業謀生。過半人民只能在山北山南和湖澤的低窪處挖洞居住。這些國家的土地不夠維持人民的生計，超過了秦國人民不能完全使用土地的程度。我們揣摩人民的心理，他們想要的不過是農田和房屋罷了。但三晉確確實實沒有，而秦國的土地有餘也是一定的。就算這樣，（韓趙魏三國的）人民也不向西來到秦國，是因為秦國的士大夫們憂愁而人民勞苦。我個人覺得，認為大王的官員高明是一種錯誤的認識。他們之所以不去爭取三晉的人民，是因為吝惜爵位和不捨得免除賦役。他們說：「三晉之所以弱小，是由於三晉人民追求安樂，將免除賦役、給予爵位看得很輕。秦國之所以強大，是由於秦國人民甘願勞苦，將免除賦役、給予爵位看得很重。現在多給人民爵位，延長免除賦役的時間，是放棄秦國之所以強大的原則，而使用三晉之所以弱小的原則。」這是國家官員吝惜爵位、不捨得免除賦役的說法，我個人認為這話不對。之所以要令人民刻苦來增強兵力，是為了攻打敵人，實現自己的願望。兵法上說：「敵人兵力弱了，我們的兵力就強了。」這話表明我們沒有失守而可以進攻，而敵人已經失去防禦的能力了。現在三晉打不過秦國，已經四代了。自魏襄王以來，他們野外作戰沒有勝利，守城必定被秦國攻取，大小戰役，三晉敗給秦國的次數，多不可數。雖然這樣，他們仍然不屈服，（是因為）秦國取得了他們的土地，卻不能奪去他們的人民啊。

賞析與點評

比較秦國和三晉小國，從土地與人口的比例來看，秦國地大，人口少；三晉則相反，地小而人口多。人口多卻不能戰勝秦國，人口多卻沒有強兵，那是由國家對人民施行的政策決定的。小國重視人民的快樂指數，免除賦役，看輕爵位，讓人民自得其樂；大國則重視引導人民刻苦經營，以建功立業為目的，從而謀求爵位，看重賦役，造就強兵。前者人民太多，資源分配不夠，於是看輕爵位；也因為人口多，不需要太多人上納賦役。反觀後者，資源多，人口少，因此迫切需要人民參與賦役，幫助開發國家，因而造就了刻苦的人民。

今王發明惠[1]，諸侯之士來歸義者，今使復之三世，無知軍事。秦四竟之內陵阪丘隰[2]，不起十年征者[3]，於律也足以造作夫百萬[4]。曩者臣言曰[5]：「意民之情，其所欲者田宅也，晉之無有也信，秦之有餘也必。若此而民不西者，秦士戚而民苦也[6]。」今利其田宅，而復之三世，此必與其所欲而不使行其所惡也。然則山東之民無不西者矣，且直言之謂也[7]。不然，夫實壙虛[8]，出天寶[9]，而百萬事本[10]，其所益多也，豈徒不失其所以攻乎？

注釋

1 明惠：公開施恩。
2 阪：山坡。隰（粵：習；普：xí）：低窪地，濕地。
3 征：同「徵」，徵收賦稅。者：通「著」，著錄。
4 造：招徠。
5 曩（粵：攮；普：nǎng）者：方才。
6 戚：憂愁。
7 且：姑且。直言：直接提出招徠人民的話題。
8 壙：曠野。虛：荒地。

9 **天寶**：天然的寶物，指天然資源。

10 **本**：本業，指農務。

譯文

現在大王公開施恩，對各諸侯國前來歸附的人民，現在免除他們三代的賦役，不用參加戰爭。秦國四境之內的丘陵、山坡、小山、濕地，十年不收賦稅，將這些寫在法律中，足以招徠百萬農夫。剛才我說過：「揣摩人民的心理，他們想要的不過是農田和房屋罷了。但三晉確確實實沒有，而秦國的土地有餘也是一定的。就算這樣，（韓趙魏三國的）人民也不向西來到秦國，是因為秦國的士大夫們憂愁而人民刻苦。」現在給他們田地和房屋的利益，又免除他們三代的徭役賦稅，這是給予他們想要的東西，又不讓他們做不願意做的事。那樣的話，華山以東的人民沒有不西向來秦的，（這個話題）姑且讓我率直地提出來。如果不這樣，（從各國來的）人民填滿了空曠的土地，開發了那裏的天然資源，百萬人從事農業生產，所得到的好處多的是，難道僅僅是不喪失進攻的力量嗎？

夫秦之所患者，興兵而伐，則國家貧；安居而農，則敵得休息。此王所不能兩成也。故三世戰勝，而天下不服。今以故秦事敵，而使新民作本，兵雖百宿於外，竟內不失須臾之時[1]，此富彊兩成之效也。臣之所謂兵者，非謂悉興盡起也，論竟內所能給軍卒車騎。令故秦民事兵，新民給芻食[2]。天下有不服之國，則王以此春違其農[3]，夏食其食，秋取其刈[4]，冬陳其寶，[5]以〈大武〉搖其本[6]，以〈廣文〉安其嗣[7]。王行此，十年之內，諸侯將無異民，而王何為愛爵而重復乎[8]？

注釋

1 須臾：片刻。
2 給：供給。芻食：糧草。
3 違其農：違其農時，錯過耕種的時間。
4 刈（粵：翼；普：yì）：收割，指收成。
5 冬陳其寶：把冬天儲存的東西展示出來。
6 〈大武〉：《逸周書》之篇章。「春違其農」諸句皆出於此篇。本：農耕。
7 〈廣文〉：即《逸周書》之〈允文〉篇。
8 愛：吝惜。

譯文

秦國擔心的，是出兵攻伐，國家就會貧窮；安居務農，敵人就得到休息。這是大王所不能兩全其美的事。所以雖然過去秦國的三代君主都打了勝仗，而天下諸侯國卻不服氣。現在用秦國原有的人民應付敵軍，而讓新來的人民從事農耕，即便軍隊在外國駐紮上百天，國內也不會耽誤片刻的農時，這是富國強兵兩全其美的成效。我所說的用兵，不是要全部出發全數出動，要弄清楚國內所能供給軍隊的馬匹和車輛數目。讓秦國原有的人民作戰，讓新來的人民供給糧草。天下如果有不服從的諸侯國，那大王就讓這些士兵在春天騷擾他們耕種，夏天吃光他們的糧食，秋天奪走他們的收成，冬天挖出他們儲存好的物資。用〈大武〉篇所說的舉動動搖他們的農耕，用〈允文〉篇所說的策略安撫他們的後代。大王實行這些，十年之內，諸侯國中將沒有與秦國不一條心的人，大王為甚麼還要吝嗇爵位，不捨得免除賦役呢？

周軍之勝，[1]華軍之勝，[2]秦斬首而東之。東之無益亦明矣，而吏猶以為大功，為其損敵也。今以草茅之地，徠三晉之民而使之事本，此其損敵也，與戰勝同實。

而秦得之以為粟，此反行兩登之計也[3]。且周軍之勝、華軍之勝、長平之勝[4]，秦所亡民者幾何？民客之兵不得事本者幾何？臣竊以為不可數矣。假使王之羣臣，有能用之，費此之半，弱晉彊秦，若三戰之勝者，王必加大賞焉。今臣之所言，民無一日之繇[5]，官無數錢之費，其弱晉彊秦，有過三戰之勝，而王猶以為不可，則臣愚不能知已。

注釋

1 周軍之勝：即伊闕之戰，指秦昭王十四年，周、魏攻秦，秦勝，斬首二十四萬之役。

2 華軍之勝：即華下之戰，或稱華陽之戰。於秦昭襄王三十三年，秦國攻擊魏國在華陽的軍隊，斬首十五萬。

3 反行：兼得。反，皆也。兩登：兩全其美。

4 長平之勝：於秦昭王四十七年，趙國與秦國在長平大戰，趙國敗，喪失士兵四十五萬人。

5 繇：同「傜」，傜役。

譯文

伊闕之戰的勝利和華陽之戰的勝利，秦國軍隊斬敵數十萬又向東進攻。向東進攻沒有甚麼益處是很明顯的。而官員還以為立了大功，因為這樣能令敵國受損。現在我們用長滿荒草的土地，招徠三晉（韓、趙、魏三國）的人民從事農業生產，這樣對敵人造成的破壞與戰勝敵人帶來的破壞相同。而秦國得到他們的人民從事糧食生產，這是兼得軍事和生產補給（的好處）、兩全其美的計策。況且在伊闕之戰、華陽之戰、長平之戰中，秦國死去的人有多少呢？本國人民和招徠的人民因戰爭不能從事農業生產的又有多少呢？我私下認為不可計算了。假如大王的臣子中，有人能運用這些兵力，將這些兵力的一半，用來削弱三晉而壯大秦國，取得那三場戰役一樣大的勝利，大王一定會厚加賞賜。現在我所說的法子，人民不需要服一天的傜役，官府不浪費多少錢，可是它卻能在削弱三晉的實力，使秦國強大方面，遠勝過那三次戰役，大王仍然認為不可行，對此我愚笨而不能理解。

賞析與點評

以多場戰役為例，說明徠民策略的好處。不過，此處所提及的戰事，均發生在商鞅死後。

齊人有東郭敞者，猶多願，願有萬金。其徒請賙焉[1]，不與，曰：「吾將以求封也[2]。」其徒怒而去之宋[3]。曰：「此愛於無也[4]，故不如以先與之有也[5]。」今晉有民，而秦愛其復，此愛非其有以失其有也，豈異東郭敞之愛非其有以亡其徒乎？且古有堯、舜，當時而見稱；中世有湯、武，在位而民服。此四王者萬世之所稱也，以為聖王也，然其道猶不能取用於後。今復之三世，而三晉之民可盡也。是非王賢立今時，而使後世為王用乎？然則非聖別說[6]，而聽聖人難也。

注釋

1 賙（粵：周；普：zhōu）：救濟。

2 封：封賞。

3 去：離開。之：前往。

4 無：指未曾得到的東西。

5 有：指現時擁有的東西。

6 非聖：詆毀聖人的話。別說：邪說。

譯文

齊國有個叫東郭敞的人，貪慾很強，希望擁有萬金。徒弟求他救濟，他不給，說：「我打算用這些錢求取爵位。」他的徒弟一氣之下離開他到了宋國。（有人）說：「這個人與其愛惜還未得到的東西，倒不如將已有的東西給別人。」現在三晉有人民，而秦國還吝惜免除的徭役和賦税，這也是吝惜沒有的東西，卻因此失去了擁有的東西，這和東郭敞愛惜未得到的東西，因而失去自己的徒弟有分別嗎？況且上古時有堯、舜，在當時受人稱頌；中古時有商湯、周武王，在位時人民信服。這四位帝王，世世代代受人們稱頌，被視為聖王，但他們的管治方法卻不能為後人採用。現在免除三代的徭役和賦税，三晉人民就會全數被招來。這不是以大王今天的賢明，而讓三晉後世的人為您效力嗎？那麼，看來不是聖人的說法特別，而是聽從聖人的教導很難啊！

刑約第十六

本篇已亡佚。

賞刑第十七

本篇導讀——

賞刑，即賞賜和刑罰。本篇提出治國的總原則，就是統一賞賜、統一刑罰和統一教化。這是商鞅學說的核心。統一賞賜，是將賞賜跟戰功掛鉤。賞賜的極致就是不用賞賜。統一刑罰，是指在施行的對象、施行的方式和施行的原則上要統一。不論是甚麼身份，犯了罪，就要受到刑罰。刑罰的原意不是為了傷害人民，而是為了「去刑」，即最終取消刑罰。統一教化的重點在於教育人民，塑造富貴皆出於兵的社會心態。當人民的日常起居均圍繞戰爭展開時，則意味着教化達成，則最後連教化都可以不用了。

聖人之為國也，壹賞，壹刑，壹教。壹賞，則兵無敵；壹刑，則令行；壹教，則下聽上。夫明賞不費，明刑不戮，明教不變，而民知於民務，國無異俗。明賞之猶至於無賞也[1]，明刑之猶至於無刑也，明教之猶至於無教也。

注釋

1 猶：至，最。至：達到，至於。

譯文

聖人治理國家，統一賞賜，統一刑罰，統一教化。實施統一的賞賜，那麼軍隊就會無敵於天下；實行統一的刑罰，那麼君主的命令就能實行；實行統一教化，那麼人民就會聽從君主的役使。高明的賞賜並不浪費財物，嚴明的刑罰不亂行殺戮，修明教育不改變風俗，而人民卻知道自己應做的事，國家也沒有奇風異俗。高明的賞賜的極致，是達到不用賞賜的境界；嚴明的刑法的極致，是達到不用刑罰的境界；修明教育的極致，是達到不用教化的境界。

所謂壹賞者，利祿官爵摶出於兵，無有異施也。夫固知愚、貴賤、勇怯、賢不肖[1]，皆盡其胸臆之知，竭其股肱之力，出死而為上用也。天下豪傑賢良從之如流水。是故兵無敵而令行於天下。萬乘之國不敢蘇其兵中原[2]，千乘之國不敢捍城[3]。萬乘之國，若有蘇其兵中原者，戰將覆其軍；千乘之國，若有捍城者，攻將凌其城[4]。戰必覆人之軍，攻必凌人之城，盡城而有之，盡賓而致之[5]。雖厚慶賞，何費匱之有矣[6]？昔湯封於贊茅[7]，文王封於岐周[8]，方百里。湯與桀戰於鳴條之野[9]，武王與紂戰於牧野之中[10]，大破九軍，卒裂土封諸侯。士卒坐陳者[11]，里有書社[12]。車休息不乘，從馬華山之陽[13]，從牛於農澤[14]，從之老而不收[15]。此湯、武之賞也。故曰：贊茅、岐周之粟，以賞天下之人，不人得一升；以其錢賞天下之人，不人得一錢。故曰：百里之君而封侯，其臣大其舊；自士卒坐陳者，里有書社。賞之所加，寬於牛馬者，何也？善因天下之貨，以賞天下之人。故曰：明賞不費。湯、武既破桀、紂，海內無害，天下大定。築五庫[16]，藏五兵[17]，偃武事[18]，行文教。倒載干戈[19]，搢笏作為樂[20]，以申其德。當此時也，賞祿不行，而民整齊。故曰：明賞之猶至於無賞也。

注釋

1 固：同「故」，所以。

2 蘇：同「傃」，向着。

3 捍：抵抗，守衛。

4 凌：侵佔，佔領。

5 賓：賓服。

6 匱：匱乏，不足夠。

7 贊茅：湯早期的封地，現在地點不詳，有說在今河南修武，也有認為在今山東菏澤。

8 封：建國。岐周：地名。在今陝西岐山，周在這地建國。

9 鳴條：地名，現在地點不詳。有說在今山西夏縣，也有認為在今河南洛陽，更有認為在河南封丘。商滅夏的關鍵性戰役，就是鳴條之戰。

10 牧野：地名，在今河南新鄉境內。牧野之戰是武王伐紂時取得決定性勝利的一次戰役。

11 坐陳：即坐陣，參戰。

12 書社：古代二十五家為一社，每社有戶口登記，故曰書社。

13 從：通「縱」，放。
14 農澤：地名，其址不詳。
15 收：收回。
16 五庫：指車庫、兵器庫、祭器庫、樂器庫、宴器庫。
17 五兵：指弓、矢、殳、矛、戈五種兵器。
18 偃：停止。
19 倒載干戈：即倒置干戈，停戰的意思。
20 搢笏：插笏。搢，插。笏，手板。古代大臣朝見天子，會插笏於腰。後搢笏引申為朝見。

譯文

所說的統一賞賜，就是利祿、官爵統一出自戰爭，沒有來自其他途徑的恩惠。所以無論是智慧的還是愚昧的人、無論是顯貴的還是低賤的人、無論是勇敢的還是膽怯的人、無論是賢明的還是不賢明的人，都盡用心中的智慧，竭盡自己全部的力量，出生入死為君主效力。天下英雄豪傑、賢明和善良的人追隨君主，就像流水一般，所以軍隊無敵而政令施行於天下。擁有萬輛兵車的國家不敢在野外同他的軍隊對抗，擁有千輛兵車的國家不敢守衛城郭。擁有萬輛兵車的國家如果有敢於在野外迎戰他的軍隊的，開戰時將會全軍覆沒；擁有千輛兵車的國家如果膽敢守衛城郭，只要他進攻就會侵佔城郭。迎戰一定消滅別人的軍隊，進攻一定侵佔別人的城郭，所有的城郭都能佔領，所有的諸侯都會臣服來朝。這樣，即便給出的賞賜豐厚，又怎會擔心財務會有不足呢？從前商湯封地在贊茅，周文王封地在岐周，方圓只有百里。商湯與夏桀在鳴條的野外戰鬥，周武王與商紂王在牧野戰鬥，大敗無數敵軍，最後劃分土地，分封諸侯。凡是參戰的士兵，回到家鄉後都擁有帶「社」的土地，戰車放在那裏不再乘坐，將馬放牧到華山的南面，將牛放牧到農澤，一直到老死也不收回來。這就是商湯和周武王的賞賜啊。因此說：贊茅、岐周的糧食，用來賞賜天下的人，每人還得不到一升；用贊茅、岐周的錢賞賜天下的人，每個人還得不到一文。所以說：本來只擁有方圓百里土地的君主，卻能分封自己的大臣為諸侯，這些大臣得到的封地也比他們原來的國土大；參加作戰的士兵，回到家鄉後都擁有帶「社」的土地；所給予的賞賜，甚至廣泛到包括了牛和馬，這是甚麼原因呢？是因為他們善於借助天下的財物來賞賜天下的人。所以說：高明的賞賜並不浪費。商湯、周武王已經打敗了夏桀、商紂王，國內沒有甚麼禍害，天下十分安定。（他們）修建五種倉庫，收藏起五種兵器，停止戰爭，實行文教。將兵器倒着放好，大臣朝見於朝廷，又創作音樂彰明功德。在這個時候，利祿和賞賜都不施行，可是人民有秩序。所以說：高明的賞賜的極致，就是達到不用賞賜的境界。

賞析與點評

詳細解釋所謂壹賞的意思，即賞賜只來自戰功，無論甚麼人，只要肯拚命為國家出力，就能得到獎勵。

所謂壹刑者，刑無等級，自卿相、將軍以至大夫、庶人，有不從王令、犯國禁、亂上制者，罪死不赦。有功於前，有敗於後，不為損刑[1]。有善於前，有過於後，不為虧法[2]。忠臣孝子有過，必以其數斷[3]。守法守職之吏有不行王法者，罪死不赦，刑及三族[4]。同官之人[5]，知而訐之上者[6]，自免於罪，無貴賤，尸襲其官長之官爵田祿[7]。故曰：重刑，連其罪，則民不敢試。民不敢試，故無刑也。夫先王之禁，刺殺，斷人之足，黥人之面[8]，非求傷民也，以禁姦止過也。

故禁姦止過，莫若重刑。刑重而必得，則民不敢試，故國無刑民。國無刑民，故曰：明刑不戮。晉文公將欲明刑以親百姓，於是合諸侯大夫於侍千宮[9]，顛頡後至[10]，吏請其罪，君曰：「用事焉。」吏遂斷顛頡之脊以殉[11]。晉國之士，稽焉皆懼[12]，曰：「顛頡之有寵也，斷以殉，況於我乎！」舉兵伐曹、五鹿[13]，又反鄭之埤[14]，東衞之畝[15]，勝荊人於城濮[16]。三軍之士，止之如斬足，行之如流水。三軍之士，無敢犯禁者。故一假道重輕於顛頡之脊，而晉國治。昔者，周公旦殺管叔、流霍叔[17]，曰：「犯禁者也。」天下眾皆曰：「親昆弟有過不違[18]，而況疏遠乎！」故天下知用刀鋸於周庭，而海內治，故曰：明刑之猶至於無刑也。

注釋

1 損：減輕。

2 虧法：減少刑法。

3 數：指罪行的輕重。

4 三族：三種親屬關係。有說是父、子、孫。也有說是父族、母族、妻族。或者認為是父母、兄弟、夫妻。

5 同官之人：指同僚、同事。

6 訐（粵：竭；普：jié）：告發，揭發。

7 尸：古代祭祀時替死者受祭的人，此處指代替。

8 黥（粵：擎；普：qíng）：在犯人臉上刺字的刑罰。

9 侍千宮：宮室名，無考。

10 顛頡（粵：詰；普：jié）：人名，受寵幸的晉文公大臣。

11 斷脊：即腰斬之刑。殉：同「徇」，示眾。

12 稽：叩首至地。

13 曹：當時的諸侯國，在今山東定陶。五鹿：當時衞國的一個地方，在今河南濮陽。晉文公攻曹國，借道衞國，順道佔領了衞國的五鹿。

14 反：推倒。鄭：當時的諸侯國。埤：城墻上的矮墻。

15 東：向東。畝：田陌。晉國在衞國西面，晉文公把田陌改為東向，以示衞國戰敗給晉國。

16 荊：楚國的別稱。城濮：衞國城邑，在今山東省鄄城西南。晉文公率聯軍敗楚的地方。

17 周公旦：西周政治家。周武王的弟弟，名旦，世稱周公。管叔：周武王的弟弟，名鮮，因封於管國，又稱管叔。霍叔：周武王的弟弟，名處。周武王死後，其子成王年幼，由周公旦攝政。管叔和霍叔等人叛亂。周公旦平亂，殺死管叔，流放了霍叔。

18 **昆**：兄。**違**：避。

譯文

所說的統一刑罰，就是指刑罰沒有等級，從卿相、將軍到大夫、平民，有不服從君主命令、觸犯國家禁令、破壞國家法制的，判處死罪，絕不赦免。先前立了戰功，之後行動失利，也不會因先前的功勞減輕刑罰；先前做了善事，之後犯了過失，也不會因為先前的好事而減輕懲罰。忠臣孝子有過錯，也一定根據他們的罪過大小來定罪。執行法令和相關職務的官員不執行國家法令的，判處死罪，絕不赦免，且刑罰株連三族。官員的同僚知道他們的罪行而向君主告發的，不僅能免受刑責，而且無論地位高低，都能繼承官長的官爵、田地和俸祿。所以說：加重刑罰，株連其親人，人民就不敢以身試法了。人民不敢以身試法，就等於沒有刑罰。古代君主制定的法禁，或刺殺犯人，或砍斷犯人的腳，或在犯人臉上刺字，不是要傷害人民，而是要禁止奸邪，阻止犯罪。所以要禁止奸邪，阻止犯罪，莫過於加重刑罰。刑罰重而堅決執行，那麼人民便不敢以身試法，所以國家沒有受刑罰的人民。國家沒有受刑罰的人民，因此說，高明的刑罰不殘害人民。晉文公想用高明的刑罰令百姓親近自己，於是聚集所有的諸侯和大夫在侍千宮，顛頡來晚了，官員要求給他定罪，晉文公說：「按照法規辦吧。」官員於是腰斬顛頡示眾。晉國人叩頭至地，都感到懼怕，說：「顛頡是國君寵愛的大臣，（觸犯了刑律）都要腰斬示眾，何況我們！」晉文公發兵攻打曹國及衛國的五鹿，回師時又攻破了鄭國的城墻，令衛國的田改為東向，在城濮大勝楚人。晉國的三軍將士，命令他們停止前進，他們就像被砍斷了腳一樣（停止前進）；命令他們進攻，他們就像流水一樣（向前進攻），三軍的將士沒有人敢犯禁令的。因此晉文公只藉顛頡犯輕罪而處以腰斬的重刑，就令晉國得到了治理。從前，周公旦殺管叔，流放霍叔，說：「他們是犯了禁令的人。」天下人都說：「親兄弟犯了罪都不能避免制裁，更何況關係疏遠的人！」從此天下人都知道周公將刑罰用在了朝廷內，國境內得到了治理。所以說：高明的刑罰的極致，就是達到不用刑罰的境界。

賞析與點評

詳細解釋所謂壹刑的意思。統一刑罰，無論等級如何，犯法一律受刑。刑罰以傷害犯罪者為主，但是建立刑罰制度的原意不在於傷害人民，而是希望人民避免犯法。晉文公寵幸的大臣顛頡，僅僅因為集會遲到就被判以死刑，腰斬示眾。輕罪也用重刑，是為了收阻嚇之效，以達致不用刑罰的目的。

所謂壹教者，博聞、辯慧、信廉、禮樂、修行、羣黨、任譽、請謁[1]，不可以富貴，不可以評刑[2]，不可獨立私議以陳其上。堅者被[3]，銳者挫。雖曰聖知、巧佞、厚樸[4]，則不能以非功罔上利[5]。然富貴之門，要存戰而已矣。彼能戰者，踐富貴之門。彊梗焉[6]，有常刑而不赦。是父兄、昆弟、知識、婚姻、合同者[7]，皆曰：「務之所加，存戰而已矣。」夫故當壯者務於戰，老弱者務於守，死者不悔，生者務勸，此臣之所謂壹教也。民之欲富貴也，共闔棺而後止。而富貴之門必出於兵，是故民聞戰而相賀也，起居飲食所歌謠者，戰也。此臣之所謂明教之猶至於無教也。

注釋

1 羣黨：結黨。任譽：任俠而獲得榮譽。請謁：請求接見。

2 評：應是「辟」，通「避」，避開。

3 被：破。

4 聖知：聰明智慧。巧佞：善於言辭，阿諛奉承。厚樸：厚重淳樸。

5 罔：獲取。

6 強梗：強硬，頑固。

7 婣：同「姻」。

譯文

所說的統一教化，是指見聞廣博、智慧有辯才、誠實廉潔、精通禮樂、有道德修養、結黨、任俠有聲譽、請謁，不能以這些求得富貴，不能以這些逃避刑罰，不能獨自創立私人學說並向君主陳說。對那些頑固不化的人要摧毀他，對那些鋒芒畢露的人要挫敗他。即便是所謂聖明智慧、阿諛奉承、厚重淳樸的人，也不能不立軍功而欺騙君主得到好處。這樣，求取富貴的方法，只存在於戰場上。那些能夠積極戰鬥的人，才能踏進富貴之門。那些強硬頑固的人，犯了刑法而不能得到赦免。這樣，父親伯叔、兄弟、相知相識的朋友、婚姻親家、志同道合的人，都說：「要加倍努力的地方，只能在戰場上而已。」因此，那些身強力壯的人致力於作戰，年老體弱的人致力於防守，死在戰場上的人不後悔，活着的人互相鼓勵，這就是我所說的統一教化。人民中想要得到富貴的，都是到死後蓋上棺材才停止。求取富貴的方法一定都由戰爭而來，所以人民聽說開戰就互相道賀，人民日常起居飲食所唱的歌謠，全是打仗的事。這就是我所說的：高明的教化的極致，就是達到不用教化的境界。

賞析與點評

詳細解釋所謂壹教的意思。教化要統一在心態的調整上，無論具備甚麼德行、才能、特長，都不可避過刑罰，要求得富貴必須致力於戰爭，沒有其他途徑。

此臣所謂參教也[1]。聖人非能通，知萬物之要也。故其治國舉要以致萬物，故寡教而多功。聖人治國也，易知而難行也。是故聖人不必加[2]，凡主不必廢；殺人不為暴，賞人不為仁者，國法明也。聖人以功授官予爵，故賢者不憂。聖人不宥過[3]，不赦刑，故姦無起。聖人治國也，審壹而已矣。

注釋

1 參：通「三」。

2 加：同「嘉」，嘉許，讚揚。

3 宥：寬恕。

譯文

這些就是我所說的三種教化。聖明的人不是能懂得一切，而是能明白萬事萬物的要點。因此他管治國家，抓住要點而推及到萬物，所以教化少而功績多。聖人管治國家，了解道理容易，實行起來卻很難。所以聖人不用嘉許，平凡的君主不一定要廢掉；殺人不算殘暴，賞賜不算仁愛，因為國家法律公正嚴明。聖人憑功勞獲得官職、爵位，因此賢明的人不憂心。聖人不寬恕別人的過失，不赦免罪人的刑罰，所以邪惡的事不會發生。聖明的人管治國家，只是考慮統一賞賜、統一刑罰、統一教化而已。

畫策第十八

本篇導讀——

畫策，即謀劃策略。本篇主要講政策的規劃原則，其中，制度要順應時代的變化而變化。隨着時代的變化，社會關係越來越複雜，君臣、父子、兄弟和夫婦等人常倫理都要加以規範，以免社會混亂。再者，隨着國家的形成，國與國的競爭也開始了，國家該如何自強？國家意志怎樣才能實現？人民如何配合國家的發展？這些問題，就是立法的依據。本篇提到的重治、「重彊」是令國家富強的管治原則，是高水平的管理要求。最後，作者指出，要管理天下，先要管理自己；要戰勝強大的敵人，先要能戰勝自己。

昔者昊英之世[1]，以伐木殺獸，人民少而木獸多。黃帝之世，不麛不卵[2]，官無供備之民，死不得用槨[3]。事不同皆王者，時異也。神農之世，男耕而食，婦織而衣，刑政不用而治，甲兵不起而王。神農既沒，以彊勝弱，以眾暴寡[4]。故黃帝作為君臣上下之義，父子兄弟之禮，夫婦妃匹之合[5]。內行刀鋸，外用甲兵，故時變也。由此觀之，神農非高於黃帝也，然其名尊者，以適於時也。故以戰去戰，雖戰可也；以殺去殺，雖殺可也；以刑去刑，雖重刑可也。

注釋

1 昊英：遠古帝王，在有巢氏之前，承襲庖犧氏。

2 麛（粵：迷；普：mí）：幼鹿，泛指幼獸。

3 槨（粵：國；普：guǒ）：套在棺木外面的大棺材，是尊重死者的喪葬禮儀。

4 暴：暴虐。

5 妃：配。

譯文

以前昊英的世代，人民砍伐樹木、捕殺野獸，人民少而樹木、野獸多。黃帝的世代，不殺幼獸，不取鳥蛋，官員沒有供自己使喚的奴僕，死了不能用棺槨下葬。昊英、黃帝做事不一樣，卻都能稱王天下，那是因為時代不同了。神農的世代，男人耕種而讓人們有飯吃，女人織布而讓人們有衣服穿，不用刑法和政令而天下安定，不動用軍隊而稱王天下。神農死後，人們以強淩弱，以多欺少。因此黃帝訂定了君臣和上下級之間的行為規範、父子及兄弟間的禮儀、夫妻間的婚配原則。對內使用刑罰，對外使用軍隊，同樣是因為時代改變了。由此看來，神農並非比黃帝高明，但是他的名聲更尊貴，是因為他順應了時代的變化。因此用戰爭消滅戰爭，即使發動戰爭也是可以的；用殺戮消滅殺戮，即使行殺戮也是可以的；用刑罰去除刑罰，即使加重刑罰也是可以的。

賞析與點評

簡述帝王立法的歷史。遠古人民生活淳樸，男耕女織，不用法令，社會自然就安定。社會變遷了，需求及彼此的關係也變得複雜，後來的帝王，便按社會情況來確立規範、禮儀和刑法等，對內對外，用了不同的管理方法。其中，以戰去戰、以殺去殺及以刑去刑，把暴力積極化和正面化，成為使用暴力的一種理據。

昔之能制天下者，必先制其民者也；能勝彊敵者，必先勝其民者也。故勝民之本在制民，若治於金[1]，陶於土也[2]。本不堅，則民如飛鳥禽獸，其孰能制之？民本，法也。故善治者，塞民以法[3]，而名地作矣[4]。名尊地廣以至王者，何故？戰勝者也。名卑地削以至於亡者，何故？戰罷者也[5]。不勝而王，不敗而亡者，自古及今，未嘗有也。民勇者，戰勝；民不勇者，戰敗。能壹民於戰者，民勇；不能壹民於戰者，民不勇。聖王見王之致於兵也，故舉國而責之於兵[6]。入其國，觀其治，民用者彊。奚以知民之見用者也？民之見戰也，如餓狼之見肉，則民用矣。凡戰者，民之所惡也。能使民樂戰者，王。彊國之民，父遺其子[7]，兄遺其弟，妻遺其夫，皆曰：「不得，無返。」又曰：「失法離令[8]，若死我死[9]，鄉治之。行閒無所逃[10]，遷徙無所入。」行閒之治，連以五，辨之以章[11]，束之以令，拙無所處[12]，罷無所生。是以三軍之眾，從令如流，死而不旋踵[13]。

注釋

1 治：治金。

2 陶：製作陶器。

3 塞：遏制。

4 作：作成。

5 罷（粵：皮；普：pí）：失敗。

6 責：要求。

7 遺（粵：謂；普：wèi）：送。

8 離：違背。

9 若：你。

10 行（粵：杭；普：háng）閒：行伍之間。閒，間。

11 章：標記，標識。

12 拙（粵：掘；普：jué）：借作「趉」，逃走。

13 旋踵：踵，腳跟。指畏縮退後。

譯文

以前，能控制天下的人，一定是先制服他的人民；能夠戰勝強敵的人，一定要先戰勝他的人民。因此，戰勝人民的根本，在於制服人民，就像冶煉工人對黃金冶煉的控制、製陶工人對泥土的使用一樣。這個根本不牢固，那麼人民就像飛鳥和野獸，有誰能控制他們呢？治理人民的根本是法治。所以善於治理國家的人，用法律來遏阻人民，而名聲和土地就都具備了。（君主）名譽尊貴、土地廣大，最後稱王天下，是甚麼緣故呢？是因為戰勝了。（君主）名譽低下、土地削減，最後滅亡，是甚麼緣故呢？是因為戰敗了。沒有戰勝而稱王天下，沒有戰敗而滅亡，從古到今未曾有過。人民勇敢，打仗就會勝利；人民不勇敢，打仗就會失敗。能讓人民專心作戰，人民就勇敢；不能讓人民專心作戰，人民就不勇敢。聖明的君主看到稱王天下要致力於用兵打仗，所以要求全國人民都當兵。進入這個國家，觀察這個國家的治理情況，人民能夠被役使的就強大。怎樣知道人民能夠被役使呢？人民看待戰爭，就像餓狼見到肉一樣，那麼人民就是被役使了。但凡戰爭都是人民所討厭的。能令人民樂於打仗，君主就能稱王天下。強國的人民，父親送他的兒子去當兵，哥哥送他的弟弟去當兵，妻子送她的丈夫去當兵，都說：「不獲得勝利，就不要回來。」又說：「不遵守法律，違抗命令，你死我也得死，鄉里會治我們的罪。軍隊裏沒有地方可以逃走，要搬遷也沒有地方可住。」軍隊的管理方法，是把五人編成一伍，用標記來區分他們，用軍令來約束他們。（如此一來，）逃跑的無處容身，失敗了沒有活路。所以三軍將士，服從軍令像流水一樣，就是戰死也不畏縮和退後。

國之亂也，非其法亂也，非法不用也。國皆有法，而無使法必行之法。國皆有禁姦邪刑盜賊之法，而無使姦邪盜賊必得之法。為姦邪盜賊者死刑，而姦邪盜賊不止者，不必得也。必得，而尚有姦邪盜賊者，刑輕也。刑輕者，不得誅也[1]。必得者，刑者眾也。故善治者，刑不善，而不賞善，故不刑而民善。不刑而民善，刑重也。刑重者，民不敢犯，故無刑也。而民莫敢為非，是一國皆善也。故不賞善而民善。賞善之不可也，猶賞不盜。故善治者，使跖可信[2]，而況伯夷乎[3]？不能治者，使伯夷可疑，而況跖乎？勢不能為姦，雖跖可信也；勢得為姦，雖伯夷可疑也。

注釋

1 誅：去除。

2 跖：即盜跖。殺人不眨眼的大盜，極為暴戾兇殘，聚眾幾千人，橫行天下無法無天。

3 伯夷：商朝末年孤竹國孤竹君的兒子。周武王滅商以後，他和弟弟叔齊不吃周朝的糧食，一同餓死在首陽山（今山西永濟南），是古代忠信的典範。

譯文

國家混亂，不是因為它的法制混亂，也不是因為法制廢棄不用。國家都有法律，但沒有令法律一定實行的方法。國家都有禁止奸詐邪惡、懲罰盜賊的法律，但沒有令奸詐邪惡的人、盜賊一定能得到懲罰的方法。奸詐邪惡的人、盜賊要判處死刑，可是犯奸、偷盜現象卻沒有止息，（這是因為做了壞事）不一定會受到處罰。一定會受到處罰卻仍有奸詐邪惡的人、盜賊出現，是因為刑罰太輕了。刑罰太輕，不能懲治他們。一定要懲罰他們，受刑罰的人就太多了。所以善於治理國家的人，只懲罰惡行，而不獎賞善行，因此，不用刑罰人民也為善。不用刑罰人民也為善，是因為刑罰重。刑罰重，人民就不敢犯法，因此也就沒有了刑罰。而人民沒有人敢為非作歹，這時整個國家的人民都為善。因此，不獎賞為善的人而人民都為善。獎賞為善的人是不可以的，就像不能獎賞偷盜的人一樣。因此，善於治理國家的人，能使盜跖那樣的人變得誠實，更何況伯夷那樣的人？不懂治理國家的人，會令伯夷那樣的人也有犯法的嫌疑，更何況盜跖那樣的人？形勢令人不能作奸犯科，即使是盜跖那樣的人也值得信賴；形勢令人作奸犯科，即使是伯夷那樣的人也有犯罪的嫌疑。

賞析與點評

此節討論刑法輕重的不同取向。國家設立法制，如果沒有成效，不是法制本身的問題，而是刑罰定得太輕。刑罰太輕，罪犯就會繼續以身試法，犯罪現象不能禁絕；刑罰重，人民就不敢為非作歹。而且，罰惡的同時不可賞善，這樣，國家就會安定，連盜跖那樣的壞人都會變得值得信賴。否則，連伯夷那樣的好人都會變得不可信。

國或重治[1]，或重亂。明主在上，所舉必賢，則法可在賢。法可在賢，則法在下，不肖不敢為非，是謂重治。不明主在上，所舉必不肖。國無明法，不肖者敢為非，是謂重亂。兵或重彊，或重弱。民固欲戰，又不得不戰，是謂重彊。民固不欲戰，又得無戰，是謂重弱。

注釋

1 重：副詞，更加的意思。後同。

譯文

國家或者更加安定，或者更加混亂。聖明的君主處在上位，所推舉的一定是賢能的人，那麼法令可以掌握在賢能的人手中。法令掌握在賢能的人手中，那麼法制就能在下面得到執行，沒才幹的人不敢為非作歹，這就叫更加安定。不英明的君主處在上位，所推舉的一定是沒才幹的人，國家就沒有嚴明的法制，沒才幹的人就敢做壞事，這就叫更加混亂。軍隊或者更加強大，或者更加弱小。人民本來就想打仗，又不得不打仗，這就叫更加強大。人民本來就不想打仗，又可以不打仗，這就叫更加弱小。

賞析與點評

「重治」、「重亂」、「重彊」和「重弱」，反映了管理層的素質高低。其中，有賢能的人是執法的核心，他們可以把聖明君主的政治想法推行到全國，推動人民參與戰爭，最終國家會更加安定、更加強大（「重治」、「重彊」）。至於「重亂」和「重弱」，那是管理層領導力嚴重缺乏的結果。總而言之，國家是更加強大還是更加衰弱，取決於管治得法與否。

明主不濫富貴其臣[1]。所謂富者，非粟米珠玉也？所謂貴者，非爵位官職也？廢法作私，爵祿之，富貴之，濫也。凡人主德行非出人也，知非出人也，勇力非過人也。然民雖有聖知，弗敢我謀[2]；勇力，弗敢我殺；雖眾，不敢勝其主[3]；雖民至億萬之數，縣重賞而民不敢爭，行罰而民不敢怨者，法也。國亂者，民多私義；兵弱者，民多私勇。則削國之所以取爵祿者多塗[4]。亡國之俗，賤爵輕祿。不作而食，不戰而榮，無爵而尊，無祿而富，無官而長，此之謂姦民。所謂「治主無忠臣，慈父無孝子」，欲無善言，皆以法相司也[5]，命相正也。不能獨為非，而莫與人為非。所謂富者，入多而出寡。衣服有制，飲食有節，則出寡矣。女事盡於內，男事盡於外，則入多矣。

注釋

1 濫：不加節制，濫施賞賜。
2 謀：圖謀。
3 勝：超過，勝過。
4 塗：即「途」，途徑。
5 司：掌管，看管，管轄。

譯文

英明的君主不對大臣濫施富貴。所說的富，不是指糧食和珠玉嗎？所說的貴，不是指爵位和官職嗎？廢除法律變成個人做主，給予爵位和俸祿，使之富貴，就是濫施。一般來說，君主的品行不高於別人，智慧也不超出別人，勇氣、力量也不超出別人。可是人民即使有不尋常的智慧，也不敢圖謀君主的地位；即使有勇氣和力量，也不敢弒君；即使人數多，也不敢淩駕於君主之上；即使人民數量達到億萬，懸重賞，人民也不敢爭先，執行刑罰，人民也不敢怨恨，這是因為有法制。國家混亂，是因為人民多考慮私人之間的情誼；軍隊實力衰弱，是因為人民多追求私下鬥勇。那麼，在實力削弱的國家，獲得爵位、俸祿的途徑就有許多。令國家滅亡的風氣，是看不起爵位、輕視俸祿。不工作就有飯吃，不打仗就能得到榮譽，沒有爵位卻尊貴，沒有俸祿卻富有，沒有官職照樣威風，這就叫作奸民。所說的「善於治國的君主身邊沒有忠臣，慈愛的父親身邊沒有孝子」，（君主和父親）都不用好言相勸，而是用法律使他們互相監督，用命令使他們互相糾正。（這樣，臣民）不能單獨為非作歹，也不能伙同別人為非作歹。所謂富有，是收入多而支出少。穿衣有限制，飲食有節制，那麼支出的就少。女人盡力主內，男人盡力主外，那麼收入就多。

所謂明者，無所不見，則羣臣不敢為姦，百姓不敢為非。是以人主處匡牀之上[1]，聽絲竹之聲[2]，而天下治。所謂明者，使眾不得不為。所謂彊者，天下勝。天下勝，是故合力。是以勇彊不敢為暴，聖知不敢為詐，而慮用。兼天下之眾，莫敢不為其所好，而避其所惡。所謂彊者，使勇力不得不為己用。其志足，天下益之；不足，天下說之[3]。恃天下者，天下去之；自恃者，得天下。得天下者，先自得者也；能勝彊敵者，先自勝者也。

注釋

1 匡：安穩。

2 絲竹之聲：音樂。絲，弦樂。竹，管樂。

3 說：悦。

譯文

所說的君主的聖明，是指君主沒有甚麼看不到，那麼羣臣就不敢做奸詐的事，百姓也不敢為非作歹。所以，君主坐在安穩的牀上，聽着音樂，天下就治理好了。所說的君主的聖明，是指使人民不能不做事。所說的君主的強大，是指天下人都被他制服了。天下人都被他制服了，所以他能聚合天下的力量。所以勇敢強大的人不敢暴亂，聖明聰慧的人不敢做欺詐的事，而考慮被君主任用。全天下的人，沒有誰敢不做君主所喜歡的事、不避開君主所討厭的事。所說的君主強大，是指他能使有勇力的人不得不為自己所用。君主的志向能實現，天下人都能受益；不能實現，天下的人也都歡喜。依靠天下的人，天下的人就會離開他；依靠自己，才能得到天下。得到天下的人，先要得到自己；能戰勝強大的敵人，先要能戰勝自己。

賞析與點評

此節談君主的聖明和強大。聖明的意思，有兩個方面：君主無所不見，明察秋毫，令大臣不敢作奸犯科。另一方面，是君主能推動人民積極工作。強大的意思，也有兩個方面：聚合天下的力量，使有力量的人為自己所用；自己力量強大。

聖人知必然之理，必為之時勢。故為必治之政，戰必勇之民，行必聽之令。是以兵出而無敵，令行而天下服從。黃鵠之飛[1]，一舉千里，有必飛之備也。麗麗巨巨[2]，日走千里，有必走之勢也。虎豹熊羆[3]，鷙而無敵[4]，有必勝之理也。聖人見本然之政，知必然之理，故其制民也，如以高下制水，如以燥濕制火。故曰：仁者能仁於人，而不能使人仁；義者能愛於人，而不能使人愛。是以知仁義之不足以治天下也。聖人有必信之性，又有使天下不得不信之法。所謂義者，為人臣忠，為人子孝，少長有禮，男女有別。非其義也，餓不苟食，死不苟生。此乃有法之常也。聖王者，不貴義而貴法。法必明，令必行，則已矣。

注釋

1 黃鵠：天鵝。

2 麗麗巨巨：高亨注：「麗麗、巨巨，良馬名。」

3 羆：熊，毛棕色，又叫棕熊。

4 鷙：兇猛、勇猛。

譯文

聖明的人了解社會發展的道理，一定要順應時代發展的趨勢。因此制定一定能把國家治理好的政策，打仗用必定勇敢的人民，下達人民必定聽從的命令。因此士兵出發打仗就會天下無敵，君主的命令下達就會天下服從。黃鵠起飛，一飛千里，是因為牠有飛行千里的翅膀。麗麗、巨巨這樣的良馬能日行千里，是因為牠們有能奔跑千里的本事。虎、豹、熊、羆，兇猛而無敵，是因為牠們有戰勝別的動物的能力。聖人能發現治理社會的有效制度，明白社會發展的必然規律，所以他統治人民，就像用地勢的高低來控制水流一樣，又像用物品的乾濕來控制火一樣。所以說，仁者能對人仁慈，而不能令人仁慈；有道義的人能夠愛別人而不能令別人有愛心。所以了解仁義不足以治理好天下。聖人有必定令人信任的品性，又具有令天下人不得不信任的方法。所說的道義，是指作為臣子要忠心，做兒子要孝順，長幼之間有禮儀，男女有別。如果不合乎道義，就是飢餓也不能苟且吃飯，就是死也不能苟且偷生。這些不過是有法律國家的平常之事。聖明的君主不重視道義而重視法制。法制一定要明確，君主的命令一定要執行，那就可以了。

賞析與點評

法家不相信人人本質都善良，認為自己善良，不能令別人也善良。這樣，法制就有了發揮效用的地方。

境內第十九

本篇導讀——

境內，是取篇首二字為題，沒有實際意義。本篇主要記錄了秦國的一些制度，包括戶籍制度、僕役分配制度、軍隊建制、對有爵位的人犯罪處治辦法、不同爵位的人死後墳墓上樹木的數量等等。其中，爵位制度以軍功為基礎，沒有軍功則沒有爵位。秦國的爵位分為二十級，有功則可晉升一級。此外，農田、住宅土地、稅邑、僕人等賞賜，也對應着相應的功勞。一方面，賞賜是慷慨的，但另一方面，刑罰也是嚴厲的。這些賞罰制度激發了人民的戰鬥力，令他們拚力死戰。

四境之內[1]，丈夫女子皆有名於上，生者著[2]，死者削。

注釋

1 四境：國家四方，指國家領土。

2 著：登記。

譯文

國家領土之內，男子和女子的名字都記錄在官府名冊裏，新生的人就添上，死去的人就注銷掉。

其有爵者乞無爵者以為庶子[1]，級乞一人。其無役事也[2]，其庶子役其大夫月六日。其役事也，隨而養之軍。

注釋

1 乞：借為「氣」，同「餼」，指以穀物贈送予人，有供養之意。庶子：家臣。

2 役事：指戰役。

譯文

有爵位的人可以供養無爵位的人為「庶子」，每一級可以供養一個。沒有戰役時，庶子每月為他的大夫服役六天。有戰事時，跟隨軍隊服役。

賞析與點評

有爵位者可以役使人，沒有爵位者只能被人役使，可見有爵位的人在社會上的地位。

爵自一級已下至小夫[1]，命曰校、徒、操[2]，出公爵[3]。自二級已上至不更[4]，命曰卒。其戰也，五人束薄為伍[5]，一人兆而輕其四人[6]，能人得一首則復。五人一屯長，百人一將。其戰，百將、屯長不得[7]，斬首；得三十三首以上，盈論[8]，百將、屯長賜爵一級。五百主[9]，短兵五十人[10]。二五百主，將之主，短兵百。千石之令短兵百人[11]，八百之令短兵八十人，七百之令短兵七十人，六百

之令短兵六十人。國尉[12]，短兵千人。將，短兵四千人。戰及死事[13]，而到短兵。能一首則復。

注釋

1 小夫：指第五級大夫。

2 校、徒、操：校，指軍官。徒，指服役的士兵。操，負責守衛的小兵，校的屬下，軍位最低。

3 出公爵：指出自爵位的第一級，即公士。爵，指爵位，分二十級。一級曰公士，二上造，三簪褭，四不更，五大夫，六官大夫，七公大夫，八公乘，九五大夫，十左庶長，十一右庶長，十二左更，十三中更，十四右更，十五少上造，十六大上造，十七駟車庶長，十八大庶長，十九關內侯，二十徹侯。

4 不更：爵位名，第四級。

5 薄：即簿，簿冊。

6 兆：逃跑。輕：同「剄」，割頸。

7 不得：得不到敵人首級。

8 盈論：滿足指定的數量。盈，滿。

9 主：指將官。

10 短兵：持刀劍之兵，與持弓箭之兵相對而言。

11 千石之令：俸祿為一千石糧食的長官。令，長官。

12 國尉：官名，負責輔佐守衛的武官。

13 死事：戰死。

譯文

爵位從公士第一級以下到小夫，叫作校、徒、操。從二級開始到不更，叫作卒。開戰時，五人為一伍，編入名冊，若一人逃跑，就把其餘四個人割頸；如能斬得一顆敵人的首級，就可免除刑罰。每五人設一屯長，一百人設一將。開戰時，將、屯長如果得不到敵人的首級，斬首；斬得敵首三十三個以上，就算滿足了規定的數量，將、屯長可以升爵位一級。五百人的將領有持短兵器的士兵五十人。統率兩個五百人的將，是將中的領袖，有持短兵器的士兵一百人。享一千石俸祿的長官，有持短兵器的士兵一百人；享八百石俸祿的長官，有持短兵器的士兵八十人；享七百石俸祿的長官，有持短兵器的士兵七十人；享六百石俸祿的長官，有持短兵器的士兵六十人。國尉有持短兵器的士兵一千人。將有持短兵器的士兵四千人。如果將官戰死，短兵就要受刑。如果其中有人能夠得到一顆敵人首級，就可免除刑罰。

賞析與點評

爵位分級清楚，軍隊編制也清晰，各級軍官依照級別領取不同的俸祿，並擁有不同數目的部下。軍事行動中，強調團隊精神（實質就是連坐），如有隊員逃跑，其他隊員也要受刑，除非能斬殺敵首，才可以免除刑罰。這樣的軍規十分嚴厲，實質是鼓勵積極殺敵。

能攻城圍邑斬首八千已上，則盈論；野戰斬首二千，則盈論。吏自操及校以上大將盡賞。行間之吏也，故爵公士也，就為上造也[1]；故爵上造，就為簪裹[2]；故爵簪裹，就為不更[3]；故爵不更，就為大夫。爵吏而為縣尉[4]，則賜虜六[5]，加五千六百[6]。爵大夫而為國尉[7]，就為官大夫；故爵官大夫，就為公大夫；故爵公大夫，就為公乘；故爵公乘，就為五大夫，則稅邑三百家[8]。故爵五大夫，就為大庶長；故大庶長，就為左更；故三更也[9]，就為大良造[10]。皆有賜邑三百

家，有賜稅三百家。爵五大夫，有稅邑六百家者，受客[11]。大將、御、參皆賜爵三級[12]。故客卿相[13]，盈論，就正卿[14]。

注釋

1 上造：二等爵。

2 簪裊（粵：暫梟；普：zān niǎo）：三等爵。

3 不更：四等爵。

4 縣尉：官名，掌一縣之軍權。

5 虜：俘虜。

6 加五千六百：依上下文看，指增加五千六百石俸祿。

7 大夫：五等爵。

8 稅邑：食邑，即封地，可收取租稅。

9 三更：爵位左更、中更、右更合稱三更。

10 大良造：爵名，大上造，十六等爵。

11 受客：接受門客。

12 御：駕御戰車的士兵。參：驂乘，戰車上居右的士兵。

13 客卿：官名。其他國家派人來秦國做官，其位為卿，而以客禮待之，所以叫客卿。

14 正卿：國家最高的執政大臣，地位僅次於君主。

譯文

能在進攻敵城、圍攻敵邑時，斬首八千以上的，就滿足了規定的數目；在野外戰爭中斬首兩千，就滿足了規定的數目。軍吏從操、校到大將都可得到賞賜。軍隊中的軍吏，舊有爵位是公士的，升為上造；舊有爵位是上造的，升為簪褭；舊有爵位是簪褭的，升為不更；舊有爵位為不更的，升為大夫。爵位為小吏升為縣尉的，賞賜六個俘虜，另加五千六百石俸祿。爵位為大夫，擔任國尉的，升為官大夫；舊有爵位為官大夫的，升為公大夫；舊有爵位為公大夫的，升為公乘；舊有爵位為公乘的，升為五大夫，並賞賜他三百戶的食邑。舊有爵位為五大夫的，升為大庶長；舊有爵位為大庶長的，升為左更；舊有爵位為三更的，升為大良造。爵位為五大夫、大庶長、三更及大良造都賞賜三百戶的城邑，另賞賜三百戶的稅金。爵位為五大夫，有六百戶的租稅和食邑，就可以接受門客。大將、車夫、驂乘全都賞賜爵位三級。原來是客卿的，滿足了規定的數目，就升為正卿。

賞析與點評

升級爵位，軍功是衡量標準。賞賜的對象沒有限制，下至小兵，上至大將都可得到賞賜。按這段文字看，論功行賞是一次升一級。是否同時可以連升數級，則此節未有提及。

以戰故[1]，暴首三日[2]，乃校三日[3]，將軍以不疑致士大夫勞爵[4]。夫勞爵，其縣過三日有不致士大夫勞爵，罷其縣四尉[5]，訾由丞尉[6]。

注釋

1 以：同「已」，停止。

2 暴（粵：瀑；普：pù）首：暴，曝曬。首，指首級。

3 校（粵：較；普：jiào）：考核，校驗。

4 不疑：沒有疑問。勞爵：按功勞授予爵位。

5 罷：罷免。

6 訾：衡量。

譯文

戰事停止後，將所斬獲的首級示眾三天，亦核實三天，將軍認為沒有疑問了，就按功賞給戰士和大夫爵位。賞賜的爵位，縣裏過了三天還沒有落實的，就撤去縣尉的職位，由該縣的丞、尉進行量刑。

能得甲首一者[1]，賞爵一級，益田一頃[2]，益宅九畝，除庶子一人[3]，乃得入兵官之吏。

注釋

1 甲首：甲士之首。指軍隊中統領士兵的官長。

2 益：增加。

3 除：授予。

譯文

能夠獲得甲士首級一個的，賞賜爵位一級，增加田地一頃，增加住宅土地九畝，賜給庶子一個，還可以擔任軍隊或行政部門的官員。

其獄法，高爵訾下爵級。高爵罷，無給有爵人隸僕。爵自二級以上，有刑罪則貶[1]。爵自一級以下，有刑罪則已[2]；小夫死。公士以上至大夫，其官級一等，其墓樹級一樹[3]。

注釋

1 貶：降級。

2 已：停止，此指取消。

3 墓樹：即樹墓禮，以官爵大小來種植不同數量和不同種類的樹在墓旁，以示等級。

譯文

刑獄法例規定：由高爵位的人審判爵位低一級的人。高爵位的人被罷免後，不再給他有爵位的人才享有的奴僕。二級爵位以上的人，犯了罪就降級。一級爵位以下的人，犯了罪就取消爵位；小夫犯罪則處死。公士以上到大夫，爵位每高一級，死後他墓旁種植的樹就多一棵。

賞析與點評

連死後也有安排，尊重死者之餘，也確認賞賜制度的永續性。

其攻城圍邑也，國司空訾其城之廣厚之數[1]。國尉分地，以校徒分積尺而攻之[2]，為期曰：「先已者當為最啟，後已者訾為最殿。再訾則廢。」內通則積薪[3]，積薪則燔柱[4]。陷隊之士，[5]面十八人。陷隊之士，知疾鬭[6]，不得，斬首。隊五人[7]，則陷隊之士，人賜爵一級。死，則一人後[8]。不能死之[9]，千人環規[10]，黥劓於城下[11]。國尉分地，以中卒隨之[12]。將軍為木臺，與國正監、與王御史參望之[13]。其先入者舉為最啟，其後入者舉為最殿。其陷隊也，盡其幾者[14]。幾者不足，乃以欲級益之。

注釋

1 司空：官名，掌管水利、營建之事。訾：測量。城：城墻。

2 積尺：立方尺。

3 內：同「穴」。積薪：堆積柴薪。

4 燔（粵：凡；普：fán）：焚燒。

5 陷隊之士：先頭部隊或敢死隊。隊，隧；陷隧，指攻陷隧道。

6 疾鬬：迅速戰鬥，以求速戰速決。

7 隊：古同「墜」。

8 一人後：指家族中可以有一人繼承其爵位。

9 死：拚命力戰。

10 規：通「窺」。

11 黥：在臉上刺字。劓（粵：義；普：yì）：割鼻。

12 中卒：中軍之卒。

13 參：一同。

14 幾者：自願申請的人。

譯文

圍攻敵國城邑前，國司空測量城牆的面積和厚度，國尉劃分攻打的地點，校徒按面積量尺分地進攻，定出期限，並命令說：「先完成的當然是頭功，最後完成的斥為末等，兩次被斥為末等就撤銷他的爵位。」鑽開洞穴就堆進柴薪，堆進柴薪就燒起柴枝。敢死隊的士兵，城牆的每個方向分佈十八個。敢死隊的士兵都知道要速戰速決，不成功，就要被斬首。一個隊能抓獲五個敵人，這個隊的士兵就每人賞賜爵位一級。一旦戰死，則他的族人可以有一人繼承其爵位。不能拚死力戰的，就在千人圍觀之下，在城下遭受黥刑或劓刑。國尉劃分地段，中軍的士兵聽從分配。將軍架起木臺，和國家的正監、王的御史一同觀望。士兵先進城的評為頭功，後進城的評為落後。敢死隊的士兵，盡量用自願申請的人，自己申請的人不足數，就用希望晉級的人補充。

弱民第二十

本篇導讀——

弱民，就是使人民弱，其實質是令人民服從國家法令，不與國家對抗。本篇主要討論人民與國家的強弱關係。治理國家，要令人民弱，人民弱就會淳樸、守規矩，就能服從國家的政策法規，以國家的意志為意志，從而參與農耕和戰鬥，國家就能強大。反之，人民就放任散漫，最終不能為國家建設出力，國力就會被削弱。國家與人民的關係此消彼長，人民強，國家就弱；國家強，人民就弱。有效的國家管理，首重令人民弱。另外，本篇多段文字與〈去彊〉篇重複。

民弱國彊；民彊國弱。故有道之國務在弱民。民樸則弱，淫則彊。弱則軌[1]，彊則越志。軌則有用，越志則亂[2]。故曰：以彊去彊者，弱；以弱去彊者，彊。

注釋

1 軌：遵循規矩，此指守法。

2 越志：放縱心志。

譯文

人民弱，國家就強；人民強，國家就弱。所以治理得法的國家致力於使人民弱。人民淳樸就弱，人民放任就強。弱就遵循規矩，強就恣意妄為。人民遵循規矩就能聽從役使，恣意妄為就不受控制。所以說，採取强民政策去除不守法的人民，國家力量就弱；採用弱民政策以去除不守法的人民，國家力量就强。

賞析與點評

人民要弱，弱就淳樸，淳樸就守規矩，就會參加農戰，從而令國家富強。因此，要國家富強，其根本就是要令人民弱。

民善之則親，利之用則和[1]；用則有任，和則匱[2]；有任乃富於政。[3]上舍法，任民之所善，故姦多。民貧則力富，力富則淫，淫則有蝨。故民富而不用，則使民以食出官爵，官爵必以其力，則農不偷。農不偷，六蝨無萌。故國富而貧治，重彊。

注釋

1 利之用則和：應是「利用之則和」，指役使人民就和諧。

2 匱：這裏意思剛好相反，不匱，指不足夠。

3 句首至此，頗難解讀，蔣禮鴻以〈說民〉主旨闡其大概，認為大意是「用善則民親其親，任姦則民親其制，合而覆者，善也。彰善則過匱，任姦則罪誅」。亦備一說。

譯文

善待人民，人民就親近國家；合理地役使人民，人民就與國家同心。國家役使人民，他們就會全力以赴。人民與國家同心，國家就不匱乏。國家捨棄法治，放任人民做他們認為善的事，奸邪就多。人民貧窮就會努力致富，努力致富就會放任，放任就會產生蝨害。所以人民富裕了就不易役使，就讓他們以糧食換取爵位，爵位必須憑藉他們的努力（才能得到），那樣農民就不怠惰。農民不怠惰，六種蝨害就不會產生。所以國家富強人民守法，就會強上加強。

兵易弱難彊；民樂生安佚。死難，難正[1]。易之則彊。事有羞[2]，多姦；寡賞[3]，無失。多姦疑[4]，敵失必利。兵至彊威；事無羞，利用兵。久處利，勢必王。故兵行敵之所不敢行，彊；事興敵所羞為，利。法有，民安其次[5]；主變，事能得齊[6]。國守安，主操權，利。故主貴多變，國貴少變。

注釋

1 正：期望。

2 羞：羞戰之心。

3 寡賞：即「利出一孔」。

4 疑：止息。

5 次：次序，秩序。

6 齊：通「濟」，成功。

譯文

國家兵力衰弱容易，強大難；人們都順應生命，安於逸樂。拚死赴國難，是難以期望做到的。能改變人民赴死難的這個特點，兵力就會強大。人民羞戰，就會多奸邪；國家賞賜僅僅出於農戰這一途徑，就沒有過失。奸邪止息，敵人有過失，一定有利。兵力強大，就會產生聲威；不羞恥於農戰，就可以利用士兵（發揮最大的作用）。長時間處於有利形勢，（國君）一定能稱王。所以用兵敢做敵人所不敢做的，就強大；做敵人認為羞恥的事，就有利。法制有常態，人民才能安於秩序；君主隨機應變，事情就能成功。國家安定，君主掌握大權，就有利。所以君主以機變為貴，國家以穩定為貴。

賞析與點評

這一節注釋家多認為文意難解。筆者認為，這節扣緊農戰，人民能拚死參與農戰，又能守法，國家就會強大和安定。此節最後提到君主貴在多變，國家貴在少變。多變是為了順應社會形勢；少變則因為國家注重約束人民，要重視穩定。

利出一孔，則國多物[1]；出十孔，則國少物。守一者治[2]；守十者亂。治則彊，亂則弱。彊則物來，弱則物去。故國致物者彊，去物者弱。

注釋

1 物：財物，用來賞賜，是經農戰獲得的。

2 守：保持。

譯文

利祿出自一個渠道，國家的財物就多；出自十個渠道，國家的財物就少。保持出於一個渠道的國家就安定；保持出於十個渠道的國家就混亂。安定就強大，混亂就衰弱。國家強大財物就會集聚；國家衰弱財物就會失去。所以國家能集聚財物就強，失去財物就衰弱。

賞析與點評

利祿要出自一個渠道，〈靳令〉也曾提及這一點，即得到賞賜的來源僅僅限於農戰。另外，如果財物豐富，人民對國家的向心力就強。

民辱則貴爵，弱則尊官，貧則重賞。以刑治民，則樂用；以賞戰民，則輕死。故戰事兵用曰彊[1]。民有私榮，則賤列卑官[2]；富則輕賞。治民羞辱以刑，戰則戰。民畏死，事亂而戰，故兵農怠而國弱。

注釋

1 事：治，謹嚴。

2 列：位。

譯文

人民地位卑弱就重視爵位，弱小就尊崇官位，貧窮就重視賞賜。用刑法來管治人民，人民就樂於被役使；用賞賜來令人民參戰，人民就輕視死亡。所以臨戰嚴整，士兵全力以赴，就強大。人民有自以為榮的尺度，就賤視爵位，輕視官職；人民富裕就會輕視賞賜。管治人民，用刑罰來羞辱人民，叫他們戰鬥，他們就戰鬥。如果人民畏懼死亡，軍事混亂，而去與別國戰鬥，士兵與農民都會怠惰，國家就會衰弱。

農、商、官三者，國之常官也。農闢地，商致物，官治民。三官生蝨六，曰「歲」，曰「食」；曰「美」，曰「好」；曰「志」，曰「行」。六者有樸[1]，必削。農有餘食，則薄燕於歲[2]。商有淫利，有美好，傷器[3]。官設而不用，志、行為卒[4]。六蝨成俗，兵必大敗。

注釋

1 樸：根。

2 薄：發語詞，無意。燕：安，安逸。

3 傷器：受物品所傷害，指受物質和物慾所害，生活過得糜爛。

4 卒：眾。

譯文

農民、商人、官員這三種人是國家常設的職業。農民開墾土地，商人求取貨物，官員管理人民。這三種職業產生六種蝨害：叫作「歲」、「食」、「美」、「好」、「志」、「行」。這六種蝨害有了來源，國家必定會衰弱。農民有剩餘的糧食，於是成年安逸享樂。商人獲得了大利和華美好玩的物品，就會被物質所傷害。官位設置了但官員不肯出力，心志和行為變得卑下。六種蝨害形成風氣，軍隊打仗必定大敗。

賞析與點評

六種蝨害的說法在〈靳令〉中出現過，不同的是，本節提到了物質對人的傷害，以及儒家心志、行為對人的束縛，這些綜合影響了軍隊的戰鬥力。

法枉治亂；任善言多。治眾國亂[1]；言多兵弱。法明治省；任力言息。治省國治；言息兵彊。故治大，國小；治小，國大。

注釋

1 治眾：指治理的項目繁多，管治太過。

譯文

法制歪曲，統治混亂；任用賢良，異言盛行。統治紛繁，國家混亂；異言盛行，兵力就弱。法制明確，治理簡化；任用力量，異言止息。治理簡化，國家安定；異言止息，兵力就強。所以，治道煩瑣，國家就會弱小；治道簡潔，國家就會強大。

賞析與點評

要簡化統治，令法制明確。重視力量，也就是重視戰鬥，異言就會止息。此節提及的治大，國小，治小，國大，在〈去彊〉中也出現過。

政作民之所惡，民弱；政作民之所樂，民彊。民弱國彊；民彊國弱。故民之所樂民彊，民彊而彊之，兵重弱。民之所樂民彊，民彊而弱之，兵重彊。故以彊重弱，削；以弱重彊，王。以彊政彊弱，彊存；以弱政弱彊，彊去。彊存則弱；彊去則王。故以彊政弱，削；以弱政彊，王也。

譯文

政治作為是人民所憎惡的，人民就弱；政治作為是人民所喜愛的，人民就強。人民弱，國家就強；人民強，國家就弱。人民所喜愛的是人民強，如果人民強了而政策又令他們更強，國家兵力就會弱上加弱。人民所喜愛的是人民強，如果人民強了而政策又令他們轉弱，國家兵力就會強上加強。所以，實行強民政策以致兵力弱上加弱，國家就會衰弱；實行弱民政策而令兵力強上加強，君主就能稱王天下。以強民政策來治理強民和弱民，強民仍然存在；用弱民政策來治理強民和弱民，強民就會被消滅。強民存在，國家就弱；強民消失，君主就能稱王天下。所以，用強民政策治理弱民，國家就會衰弱；用弱民政策治理強民，君主就能稱王天下。

賞析與點評

這是強和弱的策略性思考：人民強，國家就弱；國家強，人民就弱。人民強，意思是指人民的意志比國家意志更強，國家約束不了人民，兵力因而削弱。人民弱，意思是人民受國家主導，國家以賞和罰制約人民，兵力因而強大。

明主之使其臣也，用必加於功，賞必盡其勞[1]。人主使其民信此如日月，則無敵矣。今離婁見秋豪之末，不能以明目易人；烏獲舉千鈞之重，不能以多力易人；聖賢在體性也，不能以相易也。今當世之用事者，若欲為上聖，舉法之謂也[2]。背法而治，此任重道遠而無馬、牛，濟大川而無舡楫也[3]。今夫人眾兵彊，此帝王之大資也，苟非明法以守之也，與危亡為鄰。故明主察法，境內之民無辟淫之心，游處之士迫於戰陳[4]，萬民疾於耕戰。有以知其然也。楚國之民齊疾而均[5]，速若飄風[6]。宛鉅鐵鉇[7]，利若蜂蠆[8]；脅鮫犀兕[9]，堅若金石。江、漢以為池[10]，汝、潁以為限[11]，隱以鄧林[12]，緣以方城[13]。秦師至，鄢、郢舉[14]，若振槁[15]；唐蔑死於垂涉[16]，莊蹻發於內[17]，楚分為五。地非不大也，民非不眾也，甲兵財用非不多也，戰不勝，守不固，此無法之所生也，釋權衡而操輕重者。

注釋

1 盡：囊括。

2 舉：採用。

3 舡（粵：船；普：chuán）：船。

4 陳：通「陣」，戰陣。

5 齊疾：行動敏捷。均：齊整。

6 飄風：旋風。

7 宛：楚國地名，在今河南省南陽境。鉅鐵鉇（粵：施；普：shī）：鐵矛。

8 蜂蠆（粵：猜高去；普：chài）：指蜂和蠆的毒刺。

9 脅：兩膀。鮫：鮫魚，即鯊魚。犀兕：犀牛。兕，雌犀牛。

10 池：壕溝，即護城河。

11 汝、潁：汝水和潁水。限：險阻。

12 鄧林：在楚國北部境域。

13 方城：楚國北部的長城。

14 鄢、郢：楚文王曾定都於郢，而惠王也曾遷都於鄢，仍然叫作郢。所以用鄢郢來指稱楚國的首都。舉：攻陷。

15 振：振起或抖落。槁：枯葉。

16 唐蔑：楚國將領。垂涉：又寫作「垂沙」，地名，在今河南唐河西南。

17 莊蹻：楚國叛將，又叫莊豪。齊、魏、韓聯兵攻楚，唐蔑戰死，而莊蹻乘機起義。

譯文

英明的君主役使他的大臣，任用必定嘉許其功績，賞賜必定囊括他所有的功勞。君主令人民相信這一點像日和月一樣，那就天下無敵了。現在離婁能看到秋毫之末，卻不能把他明亮的眼睛借給別人；烏獲能舉起千鈞的重量，卻不能把他的力氣借給旁人；聖賢的才能在於秉性，也不能互相交換。現在當世執政的人想成為聖明的君主，那就要採用法制。背離法制來治理國家，這是任重道遠而沒有牛馬、想渡過河川而沒有舟船。現在人口多兵力強，是帝王的大好資本，但如不訂明法制並加以鞏固，就接近危險和死亡了。所以，英明的君主修明法制，國內的人民沒有逃避放縱的心思，遊說和巧言諂媚的人都不得不參加戰爭，萬民都努力於農戰。國君要明白其中的道理啊。楚國的人民行動敏捷而統一，速度像旋風一樣。手持宛的鐵矛，有如蜜蜂和蠍子的刺一樣鋒利；身披鮫魚、犀牛皮製成的鎧甲，像金屬和石頭一樣堅硬。以長江、漢水作壕溝，以汝水、潁水為險阻，以鄧林作掩護，以方城作要塞。（可是，）秦國大軍到來，攻陷鄢、郢，如同振起枯葉，楚將唐蔑在垂涉戰死；楚將莊蹻在國內叛亂，楚國就一分為五了。楚國土地並非不大，人民並非不多，兵甲、財物也並非不足，戰爭不能取得勝利，防守不會堅固，這是沒有修明法制的結果，就像不用權衡來量度事物的輕重一樣。

賞析與點評

本節用了許多比喻和事例，來說明君主應該重視法制，以法治國，這樣才可以駕馭人民。那些放縱、好議論、不踏實的人民，都會因為國君賞罰分明而參與農戰，為國出力。不以法治國，國家物資再豐富，戰爭也不能取得勝利，防守也不會堅固。

御盜第二十一

本篇已亡佚。

外內第二十二

本篇導讀——

外內，即對外、對內的政策，在此具體指對外作戰與對內農耕。這是從人民的角度着眼的管治方式，其中，對外作戰要賞罰分明，這是抓住了人民重利輕死的心理，從而鼓勵他們為國力戰；對內農耕要重視農業，限制工商業，令農民獲得最大的利益。這是內外兼備的治國政策。

民之外事莫難於戰，故輕法不可以使之。奚謂輕法？其賞少而威薄，淫道不塞之謂也。奚謂淫道？為辯知者貴，游宦者任，文學私名顯之謂也。三者不塞，則民不戰而事失矣。故其賞少，則聽者無利也；威薄，則犯者無害也。故開淫道以誘之，而以輕法戰之，是謂設鼠而餌以狸也，亦不幾乎[1]？故欲戰其民者，必以重法。賞則必多，威則必嚴，淫道必塞。為辯知者不貴，游宦者不任，文學私名不顯。賞多威嚴，民見戰賞之多則忘死，見不戰之辱則苦生。賞使之忘死，而威使之苦生，而淫道又塞，以此遇敵，是以百石之弩射飄葉也[2]，何不陷之有哉[3]？

注釋

1 幾：希望渺茫。

2 百石之弩：強弩。石，古代重量單位，一石等於一百二十斤。百石之弩，也就是一千二百斤的弓。

3 陷：攻破。

譯文

人民對外沒有比戰爭更艱難的事了，所以用輕法不足以令他們參戰。何謂輕法呢？就是賞賜少而刑罰不重，沒有堵住放任之路。甚麼是放任之路呢？就是能言善辯的人得到重視，不守本業、遊走求官的人得到任用，儒家學說得到顯揚。這三條路不堵住，人民便不肯參戰而國家就會失敗。所以，國家賞賜少，聽從法令的人就得不到甚麼利益；刑罰不重，犯罪的人就得不到甚麼懲罰。所以開啟放任之路誘導人民不務正業，而用輕法驅使人民去參戰，這是以貓作餌來誘捕老鼠，希望豈不渺茫？因此想令人民參戰，必須用重法。賞賜必須多，刑罰必須嚴，放任之路必須堵塞。讓能言善辯的人得不到重視，讓遊走求官的人得不到任用，讓儒家思想得不到顯揚。賞賜多而刑罰嚴，人民看到參戰的賞賜之多就會忘記死亡的危險，看到不參戰的恥辱就會害怕那樣活着。重賞令人民忘記死亡，嚴刑使他們害怕痛苦的活着，放任之路又被堵塞，以這樣的情形，遇上敵人，就好像用百石的強弓射飄搖的樹葉，還有不攻破的嗎？

賞析與點評

要人民參加對外的戰爭，並不容易，需要賞多刑重。賞賜豐富，利誘人心；刑罰嚴明，迫人聽從。再堵塞三條放任之路，讓人民專心農戰，國家就會富強。

民之內事，莫苦於農，故輕治不可以使之。奚謂輕治？其農貧而商富，故其食賤者錢重[1]，食賤則農貧，錢重則商富；末事不禁，則技巧之人利，而游食者眾之謂也。故農之用力最苦，而贏利少，不如商賈、技巧之人。苟能令商賈、技巧之人無繁，則欲國之無富，不可得也。故曰：欲農富其國者，境內之食必貴，而不農之徵必多，市利之租必重。則民不得無田[2]，無田不得不易其食[3]，食貴則田者利，田者利則事者眾。食貴，糴食不利，而又加重徵，則民不得無去其商賈、技巧而事地利矣。故民之力盡在於地利矣。

注釋

1 錢重：即錢值錢。

2 田：下田。

3 易：交換。

譯文

人民對內沒有比務農更艱苦的事，所以用輕治不能役使他們。何謂輕治？就是農民貧窮而商人富有，因此糧食賤而金錢升值，糧食價格低農民就窮，金錢升值商人就富；不限制工商業，那麼手工業者就會獲利，而遊手好閒求溫飽的人也就增多了。因此，農民用勞力，最為辛苦，卻獲利不多，還不如商人和手工業者。如果能令商人和手工業者不那麼多，而國家想要不富，是不可能的。所以說，想憑農業來令國家富強，國內的糧食必須貴，而對不從事農業生產者的賦稅必須增多，從事買賣獲利的租稅必須加重。那麼，人民不得不去下田，不下田就不能買賣糧食，糧食價格高，下田的人就獲利；下田的人獲利，從事農業生產的人就會增多。糧食價格高，買入糧食就不能獲利，而又加重賦稅，那麼人民就不得不放棄商業、手工業，而通過從事農業去獲利。所以人民的力量全部放到農業上了。

故為國者，邊利盡歸於兵，市利盡歸於農。邊利歸於兵者彊；市利歸於農者富。故出戰而彊，入休而富者，王也。

譯文

所以，治國的人，要把守衛邊境的利益都給士兵，把貿易的利益都給農民。把邊境的利益都給士兵就強大；把貿易的利益都給農民就富有。所以在外征戰強悍，回到國內休養生息而國家富裕的，就能稱王天下了。

賞析與點評

無論當兵或做農夫，都能得到實質的利益，由此可以推動人民參與農戰。

君臣第二十三

本篇導讀——

本篇討論了君主的角色及其與臣民的等級關係。君主要得到人民尊崇，政令才會通達，所以為人君者，不能違背法度，凡事要以法律為準則，賞與罰不能建基於個人好惡之上。君臣等級關係是社會秩序的基石，官職的設立則是為了輔佐君主管理國家。管理國家，不能不重視法制。以法治國，是令國家安定的重要管治方法。

古者未有君臣上下之時，民亂而不治。是以聖人列貴賤，制爵位，立名號，以別君臣上下之義。地廣，民眾，萬物多，故分五官而守之[1]。民眾而姦邪生，故立法制、為度量以禁之[2]。是故有君臣之義、五官之分、法制之禁，不可不慎也。處君位而令不行，則危；五官分而無常，則亂；法制設，而私善行，則民不畏刑。君尊，則令行；官修，則有常事；法制明，則民畏刑。法制不明，而求民之行令也，不可得也。民不從令，而求君之尊也，雖堯、舜之知，不能以治。明王之治天下也，緣法而治，按功而賞。凡民之所疾戰不避死者，以求爵祿也。明君之治國也，士有斬首、捕虜之功，必其爵足榮也，祿足食也。農不離廛者[3]，足以養二親，治軍事。故軍士死節，而農民不偷也。

注釋

1 五官：五種官職，分掌天、地、神、祇、物等不同的事物。一般來說，千乘之國才設立五官。

2 度量：即度量衡。

3 廛（粵：饞；普：chán）：指鄉里。也指市集、居所。

譯文

古代還沒有君臣上下等級時，人民混亂不安定。因而聖人劃分貴賤，設立爵位，建立名號，用來區別君臣上下的等級。由於土地廣闊，人口眾多，物產豐富，所以分設五官來管理。人口眾多就會產生奸邪，所以創立法制、製作度量衡來禁止奸邪產生。所以有君臣的上下等級關係、五官的職分、法律的限制，行事不可以不慎重。身處君位而命令行不通，就危險了；五官職分沒有常規，就混亂了；法制早已設立，而私惠風行，人民就會不畏懼刑罰。君主有尊嚴，法令就能得到執行；官員清明，政務才有一定之規；法制明確，人民才會懼怕刑罰。法制不明確，而要求人民服從法令，那是不可能的。人民不服從法令，而要求君主有尊嚴，即使以堯和舜的智慧，也不能治理好（國家）。明君治理天下，依照法制來處理政務，按照功勞行賞。凡是人民作戰勇敢不畏死亡的，不過是為了求取爵祿。明君治理國家，兵士有斬獲敵首、抓到俘虜的功勞，一定讓他的爵位足以榮耀，俸祿足夠用來生活。農民不離開鄉里，足夠奉養雙親，供給軍隊所需的糧草。因此，士兵才肯拚命戰鬥，農民才不惰怠。

賞析與點評

此節提及古代法制建立的原因，就是要劃分階層，明確各自的角色。君主、官員、人民是三個層級，有不同的角色要求。君主要立法，要有尊嚴和智慧；官員要執法，確立一定之規；人民要獲得賞賜，避免刑罰，就會對外力戰，回家了則參加農耕，養家糊口。

今世君不然，釋法而以知，背功而以譽。故軍士不戰而農民流徙。臣聞：道民之門在上所先。故民，可令農戰，可令游宦，可令學問，在上所與。上以功勞與，則民戰；上以《詩》、《書》與，則民學問。民之於利也，若水於下也，四旁無擇也[1]。民徒可以得利而為之者，上與之也。瞋目扼腕而語勇者得[2]，垂衣裳而談說者得[3]，遲日曠久積勞私門者得。尊向三者[4]，無功而皆可以得，民去農戰而為之。或談議而索之，或事便辟而請之[5]，或以勇爭之。故農戰之民日寡，而游食者愈眾。則國亂而地削，兵弱而主卑。此其所以然者，釋法制而任名譽也。

注釋

1 四旁：四方。

2 瞋目：睜大眼睛。扼腕：握住手腕，裝腔作勢。

3 垂衣裳：垂下兩手，放任無為的樣子。

4 向：從前，此處指以上。

5 便辟：君主所寵幸的人。

譯文

現今世代的君主可不是這樣，他們放棄法制而依靠個人智慧治國，捨棄功勞而以其人的聲譽封賞。所以士兵不肯參戰而農民遷徙。我聽說：引導人民的關鍵在於君主的倡導。所以人民可以令他們參與農戰，可以令他們遊走求官，可以令他們致力於做學問，全取決於君主賞賜的重點在哪裏。君主按戰功行賞，人民就奮力戰鬥；君主根據人民讀《詩》、《書》的水準賜予爵位，人民就致力於做學問。人民對於利益的追逐，像水向下流一樣，是流向四方沒有方向的選擇的。人民可以獲利而樂於做的事，就是君主的賞賜。瞪大眼睛緊握手腕而津津樂道勇武的人得到賞賜，垂下兩手而高談闊論的人得到賞賜，長期攀附權貴的人得到賞賜。尊崇以上三種人，沒有功勞卻得到賞賜，人民就會放棄農戰而做這些事了。或者用高談闊論索求賞賜，或者事奉君主所寵幸的人而求得賞賜，或用悍勇去爭得賞賜。所以從事農戰的人日漸減少，而遊蕩吃閒飯的人越來越多。那樣，國家就會混亂，土地會被割讓，軍隊實力弱而君主地位卑微。之所以這樣，是因為國君放棄了法制而任用虛名。

故明主慎法制。言不中法者不聽也[1]，行不中法者不高也，事不中法者不為也。言中法，則辯之[2]；行中法，則高之；事中法，則為之。故國治而地廣，兵彊而主尊。此治之至也，人君者不可不察也。

注釋

1 中（粵：眾；普：zhòng）：符合。

2 辯：言辭動聽。

譯文

所以英明的君主嚴格遵守法制。不符合法制的言論不聽，不符合法制的行為不推崇，不符合法制的事情不做。言論合乎法制，就認為動聽；行為合乎法制，就予以推崇；事情合乎法制，就去做。所以國家安定，土地廣大；軍隊強大，君主尊貴。這是管治國家的最高境界，為人君主的不可不明察啊。

賞析與點評

指出管治國家的最高境界。要達到這個境界，就得實行法治，一切依法而行，以法治國。

禁使第二十四

本篇導讀——

本篇討論了統治階層執法時所涉及的利益問題。官員階層就是整個執法體系的中心，為了防止執法者謀取私利、知法犯法，通常的做法是，設立監察官去監督官員，但一旦監察者想跟被監察者一同謀利，則等同於沒有監察。因為他們共事而擁有共同利益，是利益共同體。破解的辦法是，確立完善的法制，並明確執行的標準，讓官吏和民眾相互制約，令任何人都不能隱藏其所犯的罪行。

人主之所以禁使者，賞罰也。賞隨功，罰隨罪。故論功察罪，不可不審也。夫賞高罰下，而上無必知其道也，與無道同也。凡知道者，勢數也[1]。故先王不恃其彊而恃其勢；不恃其信，而恃其數。今夫飛蓬遇飄風而行千里[2]，乘風之勢也；探淵者知千仞之深[3]，縣繩之數也。故託其勢者，雖遠必至；守其數者，雖深必得。今夫幽夜，山陵之大，而離婁不見[4]。清朝日䵺[5]，則上別飛鳥，下察秋豪。故目之見也，託日之勢也。得勢之至，不參官而潔[6]，陳數而物當[7]。今恃多官眾吏，官立丞、監[8]。夫置丞立監者，且以禁人之為利也。而丞、監亦欲為利，則何以相禁？故恃丞、監而治者，僅存之治也。通數者不然也。別其勢，難其道。故曰：其勢難匿者，雖跖不為非焉。故先王貴勢。

注釋

1 勢：形勢。數：方法和手段。

2 飛蓬：蓬草，遇風飛旋。

3 仞：測量深度的單位，一仞約合八尺。

4 離婁：即離朱，黃帝時人，視力極好，能看到秋毫之末。

5 䵺（粵：湍；普：tuān）：清晨太陽初出。

6 參：多。潔：同「絜」，合符法度。

7 當：治理。

8 丞、監：負責監察和監督的官員。

譯文

君主之所以能夠禁止和使役臣下，是賞賜和刑罰。賞賜根據功勞，刑罰根據罪行。所以衡量功勞、考察罪行，不能不審慎。賞賜立功、懲罰犯罪，而君主沒有明確了解其中的原則，這樣與沒有法度是一樣的。但凡了解法度，就是懂得形勢和管治方法。所以先王不倚仗他的強悍，而是倚仗客觀形勢；不倚仗他的忠信，而是倚仗管治的方法。飛蓬遇到旋風而飛越千里，因為借助了風勢；探測深淵的人知道千仞的深度，因為運用了懸繩探測的方法。所以，依靠形勢，即使路途遙遠也一定可以到達；掌握了方法，即使非常深也一定可以探測出來。幽暗的晚上，高山再大，離婁也看不見。清晨太陽初出，他上能辨別飛鳥，下能辨別秋天鳥獸長出的毫毛。所以眼睛能看見是有賴於太陽這一客觀條件。利用形勢的極致，是君主不需要多設官員，而自然合符法度，運用合適的方法而政務就得到處理。現在依靠眾多官吏，官吏中又設立監察的丞和監。設立丞和監是為了禁止官員謀取私利。但丞和監也會想謀取私利，那怎麼去禁止呢？因此依靠丞和監治理，僅能令國家維持生存而已。通曉治國方法的國君不是這樣的。（他會）辨別國家形勢，攔阻謀私之路。所以說，客觀形勢難以隱藏其私利時，即使是盜跖也不敢為非作歹。所以先王重視對客觀形勢的運用。

賞析與點評

官員制度是推行法治的重要因素，因為法令要依靠官員來執行。為防謀私，國家設立丞、監來監察官員執法，但是如果丞、監徇私，又怎能制衡？此處提出辨別形勢與阻攔私謀之路，以解決徇私和執法的問題。

或曰：「人主執虛後以應[1]，則物應稽驗[2]，稽驗則姦得。」臣以為不然。夫吏專制決事於千里之外[3]，十二月而計書以定[4]。事以一歲別計，而主以一聽，見所疑焉，不可蔽[5]，員不足[6]。夫物至，則目不得不見；言薄[7]，則耳不得不聞。故物至則變[8]，言至則論。故治國之制，民不得避罪，如目不能以所見遁心。

今亂國不然，恃多官眾吏。吏雖眾，同體一也。夫同體一者，相監不可。且夫利異而害不同者，先王所以為保也。故至治，夫妻交友不能相為棄惡蓋非，而不害於親，民人不能相為隱。上與吏也，事合而利異者也。今夫騶虞[9]，以相監不可，事合而利同者也。若使馬焉能言，則騶虞無所逃其惡矣，利異也。利合而惡同者，父不能以問子，君不能以問臣。吏之與吏，利合而惡同也。夫事合而利異者，先王之所以為端也。民之蔽主，而不害於監，賢者不能益，不肖者不能損。故遺賢去智，治之數也。

注釋

1 虛：就是淘空自我容納更多的事物。

2 稽驗：核查校驗。

3 專制：專門負責。

4 計書：向國君呈報的文書。

5 蔽：決定。

6 員：物資、物產的數量。

7 薄：迫近，接近。

8 變：通「辯」，分辨明確。

9 騶虞：騶，古代掌管馬和馬車的官；虞，古代掌管鳥獸的官。文中應泛指養馬的人。

譯文

有人說：「君主以虛心的態度應對事物，則事物就能受到核查校驗，經過核查校驗就能發現奸邪。」我認為不是這樣。官吏在千里之外的地方專責決斷事務，十二月按時將大小事情匯總登記在簿冊上。每年匯報一次，而君主聽取一次，即便有所懷疑，也不能下判斷，因為物證不足。而東西出現在眼前時，眼睛就不會看不到；聲音在耳邊響起時，耳朵就不會聽不見。所以，東西在眼前，就可以分辨清楚；言語出現，才可以討論決定。所以政治清明國家的法制，人民不能隱藏所犯的罪行，就像眼睛不能使看到的事物逃離心的審視一樣。現在混亂的國家不是這樣，只是依賴官吏眾多。官吏雖然眾多，但他們是利益共同體。是利益共同體就不可能互相監督。而利害不同，正是先王實行連坐的根據。所以好的政治，夫妻、朋友都不能互相包庇掩蓋罪惡，但並不傷害親情，而是周圍民眾不容他們互相隱瞞。君主與官吏，共事而利益不同。如果讓馬夫和馬夫互相監察，是行不通的，因為他們共事且利益相同。假如馬能説話，馬夫就逃避不了所犯的罪惡，因為（馬和馬夫的）利益不同。利益相同、罪惡相同時，父親不能問責於兒子，君主不能問責於臣下。官吏與官吏之間，利益相同而罪惡也相同。只有共事而利益不同，才是先王建立連保的根據。人民蒙蔽君主，而不受監督的妨害。這樣，有才能的人不能增加，沒有才能的人不能減少。所以，拋棄有才能的人，放棄有智慧的人，才是管治的好方法。

賞析與點評

此節討論了利益的衝突。官員與君主共同參與事務，治國依據法制，一旦犯了罪就難逃法眼。相反，治國不依據法制，只依賴官員自身，執法就會混亂，因為官員會依據自身的利害關係來行事，隱瞞罪行的事情就容易發生。在這種情況下，即便設立監察官，如果牽涉共同利益，哪怕是父親對於兒子、君主對於臣子也不能問責，國家就會陷入貪污舞弊的泥淖。

慎法第二十五

本篇導讀——

慎法，就是謹慎使用法制。在甚麼情況下要謹慎使用法制？首先，任用官員施政時，要建立公平及客觀的聘用官員制度。一旦不經過客觀的遴選，任用官員私下推薦的人，就會使社會趨向私相授受乃至結黨營私，從而破壞法制。其次，嚴格執行法令，推動農戰制度，令人民安樂，國家安定。

凡世莫不以其所以亂者治，故小治而小亂，大治而大亂。人主莫能世治其民，世無不亂之國。奚謂以其所以亂者治？夫舉賢能，世之所治也，而治之所以亂。世之所謂賢者，善正也。所以為善正也，黨也。聽其言也，則以為能；問其黨，以為然。故貴之不待其有功；誅之不待其有罪也[1]。此其勢正使污吏有資而成其姦險[2]，小人有資而施其巧詐。初假吏民姦詐之本[3]，而求端慤其末[4]。禹不能以使十人之眾，庸主安能以御一國之民？彼而黨與人者[5]，不待我而有成事者也。上舉一與民[6]，民倍主位而嚮私交。民倍主位而嚮私交，則君弱而臣彊。君人者不察也，非侵於諸侯，必劫於百姓。彼言說之勢，愚智同學之，士學於言說之人，則民釋實事而誦虛詞。民釋實事而誦虛詞，則力少而非多[7]。君人者不察也，以戰必損其將；以守必賣其城[8]。

注釋

1 誅：除去。

2 資：憑藉的本錢。

3 假：假借。

4 慤：恭謹，樸實。

5 與：交往，交好。
6 舉：推薦任用。
7 非：通「誹」，誹謗；也指是非。
8 賣：出賣。

譯文

現在的國君沒有不用令國家混亂的方法去治國的，所以小管治就小混亂，大管治就大混亂。君主沒有誰能夠世世代代統治人民，而世界上沒有不混亂的國家。何謂用令國家混亂的方法治國呢？例如推舉有才能的人，就是現在採用的統治方法，而這方法正是國家所以混亂的原因。人們所說的賢，是善良和正直。但善良和正直的名聲來自他們黨派（的吹捧或評價）。君主聽他的言論，以為他賢能；詢問他的黨派，都說是這樣。因而不待他立功就看重他；不待有罪就除去他所反對的人。這種情況正是使貪官污吏有了本錢完成奸詐陰險的行為；使小人有本錢施展他們的巧詐。一開始就種下了官吏和人民奸詐的根子，而希望他們長出端正和樸實的枝葉，即便是大禹也不能以此役使十個人之多，而平庸的君主又怎能以此統理一國人民？那些求官位依附黨派的人，不需等待君主批准就能辦妥自己的事情。君主任用這樣的一個人，臣民就背棄君主而嚮往私下結交。臣民背棄君主而嚮往私下結交，君主就弱而大臣就強。君主不明白這一點，不是受諸侯的侵襲，就是被百姓所推翻。那些人言論的影響，令愚昧和智慧的人都效仿，知識分子都向言說的人學習，人民都放棄做實事而去發表空洞的言論。人民都放棄做實事而去發表空洞的言論，那麼國家實力就小而是非就多。君主不明察這一點，用這樣的臣民去征戰，必定損兵折將；用這樣的臣民去防守，（他們）必定出賣城邑。

賞析與點評

此節提到官員選拔、任用的方式。君主任用大臣，以能力為主要考慮點，但是如果沒有客觀、公平的遴選制度，只着眼於所謂賢良的名聲，依靠黨羽的推舉，人們就會為了求取官位，結黨營私，整個社會就會抹殺真正有才能的人和幹實事的人，國家也會混亂。

故有明主忠臣產於今世，而欲領其國者，不可以須臾忘於法[1]。破勝黨任[2]，節去言談，任法而治矣。使吏非法無以守，則雖巧不得為姦。使民非戰無以效其能，則雖險不得為詐。夫以法相治，以數相舉。譽者不能相益，訾者不能相損[3]。民見相譽無益，習相愛不相阿[4]；見訾言無損，習相憎不相害也。夫愛人者，不阿[5]；憎人者，不害。愛惡各以其正，治之至也。臣故曰：法任而國治矣。

注釋

1 須臾：片刻。

2 任：佞，奸巧。

3 訾（粵：紫；普：zǐ）：詆毀。

4 習：學習成為風氣。

5 阿（粵：柯；普：ē）：徇私。

譯文

因此，如果有明主忠臣在現今世代出現，想要統治他們的國家，不可以片刻忘記法制。戰勝黨派和阿諛奉承的人，節制言談，依照法制來治理國家，政治就清明了。使官吏除了法制外沒有甚麼可以憑藉的，那麼即使奸巧的人也不能做壞事。使人民除了農戰外沒有甚麼地方可以貢獻他們的能力，那麼即使奸險的人也不能做欺詐的事。用法制來實行管治，按規定來使用人才。稱讚不能給彼此帶來益處，詆毀不能給彼此帶來損害。人民見相互稱讚沒有益處，就會形成相愛而不徇私的風氣；見詆毀沒有帶來損害，就會形成即便相互憎惡也不會損害他人的風氣。愛人的人，不偏私；憎惡人的人，不損害人。喜愛和憎惡都有正當的表現，就是治理的最高境界。所以我說：運用法制國家就能治理好。

千乘能以守者，自存也；萬乘能以戰者，自完也。雖桀為主，不肯詘半辭以下其敵[1]。外不能戰，內不能守，雖堯為主，不能以不臣諧所謂不若之國[2]。自此觀之，國之所以重、主之所以尊者，力也。於此二者本於力，而世主莫能致力者，何也？使民之所苦者無耕，危者無戰。二者，孝子難以為其親，忠臣難以為其君。今欲敺其眾民[3]，與之孝子忠臣之所難，臣以為，非劫以刑而敺以賞莫可。而今，夫世俗治者，莫不釋法度而任辯慧，後功力而進仁義，民故不務耕戰。彼民不歸其力於耕，即食屈於內[4]；不歸其節於戰，則兵弱於外。入而食屈於內，出而兵弱於外，雖有地萬里、帶甲百萬，與獨立平原一貫也[5]。且先王能令其民蹈白刃，被矢石[6]。其民之欲為之，非好學之，所以避害。故吾教令：民之欲利者，非耕不得；避害者，非戰不免。境內之民莫不先務耕戰，而後得其所樂。故地少粟多，民少兵彊。能行二者於境內，則霸王之道畢矣。

注釋

1 詘（粵：屈；普：qū）：同「屈」，屈服。
2 諧：本指和諧，這裏指講和。
3 敺（粵：驅；普：qū）：「驅」的古字，驅使。
4 屈：竭，用盡。
5 貫：事。
6 被：受着，冒着。矢：箭。

譯文

擁有千輛兵車用以守衞的國家，可以自保；擁有萬輛兵車用以征戰的國家，江山穩固。即使桀做君主，也不肯說半句屈服的話來向敵人示弱。對外不能戰鬥，對內不能防守，即使堯做君主，也不能不向不如自己的國家講和（臣服）。由此觀之，國家受到重視、君主受到尊重的原因，是自身的力量。這兩者（指提高國家和君主地位）的根本在於力量，而世代的君主都沒有全力去追求，為甚麼呢？使人民感到勞苦的事無非是耕田，危難的事無非是戰爭。這兩件事，孝子為了他的父親、忠臣為了他的君主，都難以做到。現在想驅使人民，交給他們孝子、忠臣都難以做到的事，我以為，非以刑罰來威脅、以賞賜來驅使他們不可。但現在，世上的君主，無不放棄法制而任用能言善道、智慧善巧的人，把功勞和力量放在後面，而把仁義擺在前頭，人民因此不致力於耕戰。那些人民不把力量集中到耕田上，則國內的糧食就容易用盡；不把節義放到戰爭中，則對外兵力就弱了。對內糧食用盡了，對外兵力薄弱，即使有國土萬里、帶甲將士百萬，仍好像獨自站在平原上一樣。先王能令他的人民踏刀劍，冒着弓箭和石頭。他的人民之所以願意這樣做，不是因為喜歡這樣，而是為了免於刑罰。所以我們教令：人民想獲得利益，不耕田就得不到；想免於刑罰，不戰鬥就不能免除。國內的人民沒有不先從事耕戰，然後才得到他們的安樂的。所以土地少而糧食多，人民少而兵力強。能在國內做到這兩點，霸業的道路就完成了。

賞析與點評

無論是千乘之國還是萬乘之國，提高國家和君主地位的根本在於力量。怎樣增強力量呢？驅使人民致力於耕作和戰鬥。國君如能以賞賜和刑罰來推動人民這樣做，就能成就王道霸業。

定分第二十六

本篇導讀——

定分，指要確定法令的適用範圍，也就是定名分。本篇論述了法令快速普及並得到徹底執行的問題。法令訂立後，要有專人負責推廣和解釋，且法令的推行還有一定的程序。定了名分，確定了法令的適用範圍，人民就能理解不同法例的重要性，從而約束自己避免犯法，最後把法令內化，形成自治。如此一來，全國人民都能自己管理自己，天下就會大治。

公問於公孫鞅曰：「法令以當時立之者，明旦欲使天下之吏民皆明知而用之，如一而無私，柰何？」

公孫鞅曰：為法令，置官吏。樸足以知法令之謂者，以為天下正[1]，則奏天子。天子若則各主法令之[2]。皆降，受命發官[3]，各主法令之。民敢忘行法令之所謂之名，各以其所忘之法令名罪之。主法令之吏有遷徙物故[4]，輒使學讀法令所謂[5]。為之程式，使日數而知法令之所謂。不中程，為法令以罪之。有敢剟定法令損益一字以上[6]，罪死不赦。諸官吏及民，有問法令之所謂也於主法令之吏，皆各以其故所欲問之法令，明告之。各為尺六寸之符[7]，明書年、月、日、時、所問法令之名，以告吏民。主法令之吏不告，及之罪，而法令之所謂也[8]，皆以吏民之所問法令之罪，各罪主法令之吏。即以左券予吏之問法令者，主法令之吏謹藏其右券木柙，以室藏之，封以法令之長印。即後有物故，以券書從事。

注釋

1 正：長，官吏。

2 若：古同「諾」，許可。

3 發官：赴任。

4 物故：死亡。
5 輒：立刻。
6 剟（粵：多；普：duō）：刻寫、刪削，此指修改。
7 符：符信，竹造，一分為二，可相合作為契驗。
8 而：乃。

譯文

秦孝公問公孫鞅：「今天建立的法令，明天早上就想讓全國的官吏和人民都了解並執行，統一而無私，該怎麼辦呢？」

公孫鞅說：制定法令，設置官吏。樸實厚重足以令人民了解法令內容的人，可以任命他們為當地的官吏，奏上天子。天子應允，就命令他們主管各地的法令。他們都躬身受命，前往任職，各自主管各地的法令。人民膽敢忘記遵守法令的某項條文，就分別用其所忘記的法令名目懲罰他。主管法令的官吏，若有升遷調職或死亡的，立刻命人學習法令的內容。為人作出規劃，讓他幾天之內要了解法令的內容，不能按照規劃完成，就用法令來懲罰他。若有膽敢刪改法令而增減一個字以上的，處以死罪絕不赦免。眾官吏和人民有向主管法令的官吏詢問法令內容的，主管法令的官吏必須根據他們想問的法令，明確答覆他們。要做一個一尺六寸長的符信，上面寫明年、月、日、時、所問法令的條文，用來告知官吏和人民。主管法令的官吏如果不告知，及至詢問法令的人犯的罪，正是他們所詢問的那一條，那就按官吏和人民所詢問的那條罪狀，來懲罰主管法令的官吏。寫好符信，就要把符信的左片給詢問法令的人，主管法令的官吏則謹慎地將右片放入木匣，藏在一個屋子中，用法令長官的印封上。即使以後當事人死了，也依照符信辦事。

法令皆副，置一副天子之殿中，為法令為禁室，有鋌鑰[1]，為禁而以封之[2]，內藏法令一副禁室中[3]，封以禁印。有擅發禁室印[4]，及入禁室視禁法令，及剟禁一字以上[5]，罪皆死不赦。一歲受法令以禁令[6]。

注釋

1 鋌鑰：鎖鑰。

2 禁：禁印，封住重要文件的封條。

3 內：同「納」，收藏。
4 發：開啟。
5 剟禁：刪改禁令。
6 受：授。

譯文

法令都有副本，把其中一份副本放在天子的殿中，為法令建造禁室，有鎖鑰，製作專門的封條封起來，把法令的副本收藏在禁室之中，用禁印封上。有擅自開啟禁室印封的，進入禁室偷看禁室的法令，以及刪改禁室中法令一個字以上的，處以死罪絕不赦免。每年一次，將禁室所藏法令頒發給官吏。

賞析與點評

將法令的副本放在禁室之內，保管嚴密，可見國家高度重視法令。

天子置三法官：殿中置一法官，御史置一法官及吏，丞相置一法官。諸侯、郡、縣皆各為置一法官及吏，皆比秦一法官。郡、縣、諸侯一受賨來之法令[1]，學并問所謂。吏民欲知法令者，皆問法官。故天下之吏民，無不知法者。吏明知民知法令也，故吏不敢以非法遇民[2]，民不敢犯法以干法官也。遇民不修法[3]，則問法官，法官即以法之罪告之，民即以法官之言正告之吏。吏知其如此，故吏不敢以非法遇民，民又不敢犯法。如此，天下之吏民雖有賢良辯慧，不能開一言以枉法；雖有千金[4]，不能以用一銖[5]。故知、詐、賢能者皆作而為善，皆務自治奉公。民愚則易治也，此所生於法明白易知而必行。

注釋

1 賨來：指禁室。或說為「賚來」，即送來。

2 遇：對待。

3 修：遵循。

4 金：古代貨幣單位，黃銅二十兩。

5 銖：古代重量單位，二十四銖為一兩。

譯文

天子設置三位法官：宮殿中設置一位法官，御史設置一位法官及官吏，丞相設置一位法官。諸侯和郡縣也為他們各設置一位法官和法吏，全都比照秦都的法官。諸侯和郡縣一旦接到禁室的法令，就學習並詢問法令的內容。官吏和人民想了解法令的，都詢問法官。所以天下官吏和人民，沒有不了解法令的。官吏明知人民了解法令，所以不敢以非法的手段對待人民，人民也不敢犯法冒犯法官。官吏對待人民不遵循法令規定，人民就可以向法官詢問，法官就將法令規定的罪名告訴他們，人民就將法官的話嚴正地告訴官吏。官吏知道事情是這樣，就不敢用非法手段來對待人民，人民也不敢犯法。這樣的話，國家的官吏和人民，即使有賢良、好議論和聰明的人，也不敢說一句違法的話；即使擁有千金，也不能令一銖錢的使用違法。於是聰明、巧詐、賢能的人全都發生改變去行善，都致力於自治、奉公守法。人民愚昧就容易管治，這是因為法令明白易懂且一定要遵從。

賞析與點評

設法官幫助推行法令，法官有責任向民眾解釋法令，從而執法；人民有責任了解法令，從而守法。人民了解法令之後，便不敢輕易以身試法，還會運用自己的法律知識，指出官吏的違法之處，從而起到監察之效。

法令者，民之命也，為治之本也，所以備民也[1]。為治而去法令，猶欲無饑而去食也，欲無寒而去衣也，欲東而西行也，其不幾亦明矣[2]。一兔走，百人逐之，非以兔為可分以為百，由名分之未定也[3]。夫賣兔者滿市，而盜不敢取，由名分已定也。故名分未定，堯、舜、禹、湯且皆如鶩焉而逐之[4]；名分已定，貪盜不取。今法令不明，其名不定，天下之人得議之。其議，人異而無定。人主為法於上，下民議之於下，是法令不定，以下為上也。此所謂名分之不定也。夫名分不定，堯、舜猶將皆折而姦之[5]，而況眾人乎？此令姦惡大起，人主奪威勢，亡國滅社稷之道也。今先聖人為書而傳之後世，必師受之[6]，乃知所謂之名；不師受之，而人以其心意議之，至死不能知其名與其意。故聖人必為法令置官也，置吏也，為天下師，所以定名分也。名分定，則大詐貞信，巨盜願愨[7]，而各自治也。故夫名分定，勢治之道也；名分不定，勢亂之道也。故勢治者不可亂，勢亂者不可治。夫勢亂而治之，愈亂；勢治而治之，則治。故聖王治治，不治亂。

注釋

1 備：防備。

2 幾：近。

3 為可分以為百，由名之未定也：此句據《羣書治要》補。

4 騖：同「鶩」，疾馳。

5 折：改道。

6 受：授。

7 願：老實。愨：誠實。

譯文

法令是人民的生命，治理的根本，是用來防備人民的。為了治理國家而拋開法令，就像希望不捱餓卻丟掉糧食，希望不受凍卻丟掉衣服，希望東行卻西走一樣，相差甚遠是很明顯的。一隻兔子跑了，一百個人追捕，不是因為捉到兔子之後每個人可以分到兔子的百分之一，而是因為兔子的名分未定。市場上到處有賣兔子的人，盜賊卻不敢去偷，是因為名分已定。所以，當事物的名分還未確定時，堯、舜、禹、湯也會急切地追逐；而名分確定後，貪婪的盜賊也不敢偷取。現在法令不明確，其條目不確定，天下人都會議論。而議論，因人而異，沒有定說。君主在上制定法令，人民在下議論，這就是法令未確定，以下面的議論為上面的意見。這就是所說的名分不確定。名分不確定，堯、舜尚且都會走上邪路做壞事，何況普通人？這樣就令奸惡大量出現，君主被奪去威勢，這是國家社稷滅亡的道路。現在古代聖人著書流傳於後世，必須由師傅教授，才能知道其具體內容；如果不由師傅教授，而人人以自己的想法來解讀，到死也不能了解書中文字及其具體的意思。所以，聖人一定要給法令設置法官、法吏，做天下人的師傅，就是為了定名分。名分確定了，大奸之人可以變得正直誠信，大盜也都變得恭謹，而都能自己管理自己。所以確定名分，是社會得到治理的原則；名分不確定，是社會形勢混亂的原由。社會得到治理就不會混亂，社會形勢混亂就不會得到治理。社會形勢混亂再加以治理，就會更亂；社會得到治理再加治理，才會安定大治。所以，聖王在社會得到治理的情況下來治國，不是在社會形勢混亂的情況下來治國。

夫微妙意志之言，上知之所難也。夫不待法令繩墨[1]，而無不正者，千萬之

一也。故聖人以千萬治天下，故夫知者而後能知之，不可以為法，民不盡知。賢者而後知之，不可以為法，民不盡賢。故聖人為法必使之明白易知，名正，愚知偏能知之[2]。為置法官，置主法之吏，以為天下師，令萬民無陷於險危。故聖人立，天下而無刑死者，非不刑殺也，行法令明白易知，為置法官吏為之師，以道之知[3]。萬民皆知所避就，避禍就福，而皆以自治也。故明主因治而終治之，故天下大治也。

注釋

1 繩墨：本為木工打直線的墨線，此指規矩。

2 偏：通「遍」。

3 道：通「導」。

譯文

微妙深奧的言論，上等智慧的人也不易理解。不需要法令規矩而行為沒有不端正的，在千萬人中只有一個。所以聖人是針對千萬人來治理天下，所以只有智者理解後別人才能理解的東西，不可以用作法令，因為人民不是人人都是智者。賢能的人理解後別人才能理解的東西，不可以用作法令，因為人民不是人人都賢能。所以聖人制定法令一定使它明白易懂，確定名分，愚人、智者所有人都理解。為人民設置法官，設置負責法令的官吏，作為天下人的老師，使萬民不致陷入（觸犯法令的）危險境地。所以聖人掌握政權，天下沒有受刑被殺的人，並不是他不用刑法殺人，而是聖人推行的法令明白易懂，又為人民設置法官、法吏做他們的老師，引導他們理解法令。（這樣，）萬民都知道應避開甚麼、趨向甚麼，避開災禍，趨向幸福，就都能自己管治自己。所以，英明的君主憑藉人民自治來完成國家的治理，天下就大治了。

賞析與點評

制定法令固然重要，如何保證法令的落實更為重要。首先，法令的內容要明白易懂。雖然法令的微言大義不易被人理解，但是，如果能把法律條文寫得扼要易明，令人人都看得懂法令的內容和要求，老百姓就容易遵守法律規定，從而保證了執法成效。其次，為人民設置專門的官吏來解釋法令內容，更可以保證法令的普及和推廣。人民了解法令，知道要避惡就善，按法律的條文要求，自己管理自己，實現自治，是為國家管治的最高境界。

名句索引

二至四畫

五畫

法令者，民之命也，為治之本也，所以備民也。為治而去法令，猶欲無饑而去食也，欲無寒而去衣也，欲東而西行也，其不幾亦明矣。　三二九

拘禮之人不足與言事，制法之人不足與論變。　〇三二

明君之使其臣也，用必出於其勞，賞必加於其功。功賞明，則民競於功。為國而能使其民盡力以競於功，則兵必彊矣。　一六九

明賞之猶至於無賞也，明刑之猶至於無刑也，明教之猶至於無教也。　二三二

明主不濫富貴其臣。　二五六

明主之使其臣也，用必加於功，賞必盡其勞。　二八八

所謂壹刑者，刑無等級。　二三七

九畫

為國之數，務在墾草；用兵之道，務在壹賞。　一一九

恃天下者，天下去之；自恃者，得天下。得天下者，先自得者也；能勝彊敵者，先自勝者也。　二五八

故聖人明君者，非能盡其萬物也，知萬物之要也。故其治國也，察要而已矣。　〇七七

故法不察民之情而立之，則不成；治宜於時而行之，則不干。故聖王之治也，慎法、察務，歸心於壹而已矣。　一六五

故以戰去戰，雖戰可也；以殺去殺，雖殺可也；以刑去刑，雖重刑可也。　二四七

重刑少賞，上愛民，民死賞。重賞輕刑，上不愛民，民不死賞。　二〇三

重刑，連其罪，則民不敢試。民不敢試，故無刑也。　二三七

十一畫

國之所以興者，農戰也。　〇六九

國以善民治姦民者，必亂至削；國以姦民治善民者，必治至彊。　〇九五

國好力，此謂以難攻；國好言，此謂以易攻。　二〇一

國之所以治者三：一曰法，二曰信，三曰權。　二〇八

十二畫

善為國者，倉廩雖滿，不偷於農；國大民眾，不淫於言，則民樸壹。民樸壹，則官爵不可巧而取也。不可巧取，則姦不生。姦不生則主不惑。　〇七一

善因天下之貨，以賞天下之人。故曰：明賞不費。　二三三

圍城之患，患無不盡死。　一九〇

十三畫

聖人知治國之要，故令民歸心於農。　〇八二

聖人之為國也，觀俗立法則治；察國事本則宜。　一三九

聖人不法古，不脩今。法古則後於時，脩今則塞於勢。　一五一

聖君之治人也，必得其心，故能用其力。　二〇五

聖人知必然之理，必為之時勢。　二六〇

聖王者，不貴義而貴法。法必明，令必行，則已矣。　二六〇

勢亂而治之，愈亂；勢治而治之，則治。故聖王治治，不治亂。　三二九

萬民皆知所避就，避禍就福，而皆以自治也。故明主因治而終治之，故天下大治也。　三三二

愚者暗於成事，知者見於未萌。　〇二八

十四畫及以上

疑行無成，疑事無功。　〇二八